JN045682

総合版

特別活動エッセンス

―― 望ましい人間関係づくりのために ――

The Essentials of Extraclass Activities
For Building Comfortable Human Relationships

特別活動へようこそ

皆さんは特別活動に対してどのようなイメージをもっているでしょうか。

「学級活動」（学活）という言葉は聞いたことがあっても、「特別活動」は聞いた覚えがないかもしれません。たしかに**「学活」（学級活動）の時間**は小学校の時間割にもありましたが、特別活動なんて時間はなかったですよね。

そもそも特別活動って何が「特別」なんでしょうか。

そのまま英語に直訳するとSpecial Activityとなりそうですが、本書のタイトルの下にある英訳はそのようにはなっていません。Extraclass Activities…授業のソトの活動って？？

でも実際には「特活」は**教育課程内**に位置付けられている重要な教育活動の一つです。

「かしこく・やさしく・たくましく」と日本の学校教育が知育・徳育・体育のバランスを重視した**全人教育（'whole child education'）**を目指していることをそのまま体現したような領域がこの特別活動です。

特別活動は**'Tokkatsu'**としていま海外で注目されています。経済成長の要因を教育に求め、国際学力テストの成績上位国の「成功」の秘訣を探り、教育政策にトランスファーする動向が強まっています。経済的にも「学力」的にも国際的な存在感が低下している日本ですが、大地震発生後の被災者の秩序正しさの要因を学校教育の成功、とりわけ**特別活動（掃除、給食当番、学校行事）の成果**に求める声があがり、ふたたび関心が高まっています。

例えばエジプト・アラブ共和国は規律や協調性の涵養、人格形成を重視する日本式教育に関心を表明し、モデル校に**特別活動（Tokkatsu Plus）**の導入が2017年度に始まりました。本書の監修者である元兼も2008年度の文部科学省国際協力イニシアティブ教育協力拠点形成事業「日本の地方組織による就学奨励グッドプラクティス(GP)の調査と開発途上国への適用性検証」では「弁当の日」の取組をパキスタンで実践する試みを行ったほか、学芸会や運動会、修学旅行などの学校行事（特別活動）を紹介したことがあります。何が「日本的」かは難しいところですが、特別活動は日本の学校教育の代表的な教育実践といえましょう。

この特別活動は**「望ましい集団」**をベースとして展開される点に最大の特長があります。したがって、サブタイトルに掲げた「望ましい人間関係づくり」をひとつの目標としており、単なる教職課程の一科目に留めず、どこの組織においても必要不可欠となる「望ましい集団づくり・人間関係づくり」に貢献できるような書籍の編纂を心掛けました。

そこで本書は**教職課程で特別活動を学習される方**はもとより、**教員採用試験の勉強をされている方**、さらには**初年次教育などでクラスづくりやコミュニケーションスキル形成のためのゼミナールの演習にも活用可能な内容構成**となっています。

学習指導要領（課程認定）で求められている特別活動の内容をすべて網羅するとともに、半期15回分の**2単位の講義やクォーター制度で1単位（×2学期）の授業用**におよそ**16程度の項目に全体を分け**、その中のいくつかピックアップして使用もできるように、**各章には章のポイントや評価のポイント**を設けています。**教職課程の再課程認定**にも**対応**できるよう事項を整理して章構成を組んでおり、さらに巻末にはミ

シン目によって容易に切り取り可能な**「演習課題」**を用意しています。各章の解説文や資料は演習課題に誘えるような内容を盛り込んでいます。

この演習課題に取組まれていると、「演習課題」それ自体が皆さんを**「時間旅行のたび」**（タイムトラベル）に誘います。まさに特別活動は**「思い出の宝庫」**だからです。

これまで教育学や教職科目の講義を聴講していると、そういえば中学の時、部活にこんな先輩がいたなぁとか、小学校の６年生の担任の先生の言葉が蘇ってきたりとか、ランドセルを買ってもらった時の光景が瞼に浮かんだりなど、子ども時代にタイムスリップすることはなかったでしょうか。皆さんの生きてきた時間の多くは「教育を受けてきた」歴史です。自分史≒被教育史といってもよく、自身がどのように育てられてきたか、**自身は何者なのか**についてこの機会にぜひ思いを馳せてもらいたいと思います。

したがって、本書は教職課程のための特別活動のテキストとしての活用に留まらず、自身の**来し方**を振り返り、将来の**展望**を描く機会にしてもらいたいと願っています。学校現場に入ったら、すぐに授業開き・学級開きから諸行事の運営など特別活動にかかわる資質力量が問われる場面に出会うことでしょう。また、一般社会に出ても特別活動の演習で展開されるようなコミュニケーションスキルは即戦力として役に立つことでしょう。さらに本書では広範囲にわたって特別活動を取り巻く問題を学術的なまなざしで捉えるための文献紹介、有効な情報と視座を整理して提供しています。それゆえ教育原理や教育学関連の一般講義でも十分に活用できますし、日々に追われている教職員や一般市民であっても気軽に特別活動の全体像を知り、学びの契機となるような構成としています。読者の皆さんにとって、本書が特別活動の世界への誘いの入り口になればと願っております。

最後に、本書はエッセンスシリーズの第二弾として2013年に世の中に送り出されました。Ed.D（Ph.Dと異なる実践的な教育学博士）を意識した大学教員養成（Preparing Future Faculty：PFF）プログラムの一環として、博士後期課程の院生（当時）を中心に私の学部の「特別活動」授業をモニタリングしてもらい、そこから講義の内容に見合うワークシート（演習課題）と関連の資料や図表を整理し、実際に教育実習のように大学講師インターンとしてワークを使った講義を行い、受講生の反応や意見を踏まえてシート等に修正を施していくというアクション・リサーチの手法を用いて作成して参りました。

また再課程認定への対応も生じたため執筆メンバーも増やし、内容も形式も大幅にリニューアルして、特別活動を取り巻く今日的な状況を踏まえ「新訂版」として2018年に新たな出版物を世に送り出すことができました。今回さらに総合的な学習の時間の指導に関わる項目を追加し、演習問題も見直し、新たに「総合版」として出版致します。

2023年　早春の伊都キャンパスにて

九州大学教育法制研究室 教授　元兼 正浩

特別活動エッセンス

教育職員免許法における特別活動の位置

章のポイント

本章では、「教育職員免許法」において「特別活動の指導」に関する内容がどのように位置づけられてきたのか、その変遷過程を理解するとととともに、今後、免許法の改正に伴い特別活動の指導法にはどのような変化が起きるのか、について検討する。

このような作業を通して、「特別活動の指導」のために求められる「教員の資質力量」とは何か、また、これからの新しい時代においてその資質力量はどのように変化していくのか、という問題を自ら考えることができ、その展望と課題に関する意見をお互いに共有することを目標とする。

1 教育職員免許法の変遷と特別活動の位置づけ

(1) 「特別活動に関する科目」の新設

「**教育職員免許法**(以下、免許法と同意)」は、教育職員免許状に関する基準を定めている法律であり、1949(昭和24)年5月31日に公布され、同年9月1日から施行された。免許法はその後、1953(昭和28)年に課程認定制度が発足し「制限的開放性」(1)になるなど、数回の改正が行われたが、免許状の種類及び免許基準の引き上げなどの免許制度の根幹に触れる改正は、1954(昭和29)年、1989(平成元)年、1998(平成10)年の改正である(2)。この中で、「特別活動」の指導に関する内容が、法律の中に初めて位置付けられたのは、1989(平成元)年の改正法からであり、このとき初めて教職課程の中に「**特別活動に関する科目**」と「生徒指導、教育相談及び進路指導に関する科目」が設けられた。

この法改正は、1986(昭和61)年の臨時教育審議会「教育改革に関する第2次答申」(3)及び1987(昭和62)年の**教育職員養成審議会**(教養審)答申「教員の資質能力の向上方策等について」を受けたものである。特に、教養審は同答申において「教育者としての使命感、人間の成長・発達についての深い理解、幼児・児童・生徒に対する教育的愛情、教科等に関する専門的知識、広く豊かな教養、これらを基盤とする実践的指導力が必要である」とし、人格形成に直接的に関与する立場にあることに由来する教員の責任感を職務に要求した(4)。

これらの答申の内容を踏まえ、1988年12月、免許状の種類の改善、免許基準の引き上げを内容とする大幅な法改正が行われた。「特別活動の指導」に関しては、「学校教育において求められている教育の方法・技術、生徒指導、特別活動等の指導力の向上を図るため大学において普通免許状の授与を受けるため

(1) 新堀通也(1986)『教員養成の再検討』教育開発研究所、p.120。

(2) 小林陽子・尾島恭子(2012)「教育職員免許法および教育職員免許法施行規則の変遷」家政学原論研究、p.25。

(3) 臨教審第2次答申では教員養成・免許制度の改善として「教員養成における教科、教職科目の内容の見直し」「教育実習の期間、内容等の見直し」「社会人を活用し学校を活性化するための特別の免許状、非常勤講師制度の創設」等があげられた。

(4) 吉田尚史(2016)「昭和63年教育職員免許法における専門性向上政策と教師像について」福岡女学院大学紀要、pp.109-110。

に修得することを必要とする単位数の引き上げを行う」ように求められた。

この昭和63年の改正免許法による「教職に関する科目」の具体的な科目名と単位数は次の表1の通りである。

表1-1　1989（平成元）年改正免許法による教職に関する科目

<table>
<tr><th rowspan="2"></th><th colspan="3">小学校</th><th colspan="3">中学校</th><th colspan="2">高校</th><th colspan="3">幼稚園</th></tr>
<tr><th>専修</th><th>一種</th><th>二種</th><th>専修</th><th>一種</th><th>二種</th><th>専修</th><th>一種</th><th>専修</th><th>一種</th><th>二種</th></tr>
<tr><td>教育の本質及び目標に関する科目</td><td rowspan="4">12</td><td rowspan="4">12</td><td rowspan="4">6</td><td rowspan="4">8</td><td rowspan="4">8</td><td rowspan="4">6</td><td rowspan="4">8</td><td rowspan="4">8</td><td rowspan="4">12</td><td rowspan="4">12</td><td rowspan="4">6</td></tr>
<tr><td>幼児、児童又は生徒の心身の発達及び学習の過程に関する科目</td></tr>
<tr><td>教育に係る社会的、制度的又は経営的な事項に関する科目</td></tr>
<tr><td>教育の方法及び技術（情報機器及び教材の活用を含む）に関する科目</td></tr>
<tr><td>教科教育法に関する科目</td><td rowspan="3">22</td><td rowspan="3">22</td><td rowspan="3">14</td><td rowspan="3">6</td><td rowspan="3">6</td><td rowspan="3">4</td><td rowspan="3">4</td><td rowspan="3">4</td><td rowspan="3"></td><td rowspan="3"></td><td rowspan="3"></td></tr>
<tr><td>道徳教育に関する科目</td></tr>
<tr><td>特別活動に関する科目</td></tr>
<tr><td>教育課程一般に関する科目</td><td rowspan="3"></td><td rowspan="3"></td><td rowspan="3"></td><td rowspan="3"></td><td rowspan="3"></td><td rowspan="3"></td><td rowspan="3"></td><td rowspan="3"></td><td rowspan="3">18</td><td rowspan="3">18</td><td rowspan="3">12</td></tr>
<tr><td>保育内容に関する科目</td></tr>
<tr><td>指導法に関する科目</td></tr>
<tr><td>生徒指導及び教育相談に関する科目</td><td rowspan="2">2</td><td rowspan="2">2</td><td rowspan="2">2</td><td rowspan="2">2</td><td rowspan="2">2</td><td rowspan="2">2</td><td rowspan="2">2</td><td rowspan="2">2</td><td rowspan="2"></td><td rowspan="2"></td><td rowspan="2"></td></tr>
<tr><td>生徒指導、教育相談及び進路指導に関する科目</td></tr>
<tr><td>教育実習</td><td>5</td><td>5</td><td>5</td><td>3</td><td>3</td><td>3</td><td>3</td><td>3</td><td>5</td><td>5</td><td>5</td></tr>
<tr><td>合計</td><td>41</td><td>41</td><td>27</td><td>19</td><td>19</td><td>15</td><td>19</td><td>19</td><td>35</td><td>35</td><td>23</td></tr>
</table>

（注）高等学校の免許状については、上記の各種で内容等が指定された17単位に加え、内容等の指定のない2単位分の「教職に関する科目」の修得が必要

（2）「特別活動の指導法」履修の義務づけ

その後の1996年、**中央教育審議会**は答申「21世紀を展望した我が国の教育の在り方について」では「「生きる力」をはぐくむ学校教育を展開するための豊かな人間性と専門的な知識・技術や幅広い教養を基盤とする実践的な指導力」が重視され、「教育相談を含めた教職科目全体の履修の在り方」に留意する必要があるとした。また、1997年の教養審の第1次答申「新たな時代に向けた教員養成の改善方策について」では、「一般的に求められる資質能力」と「今後特に教師に求められる具体的な資質能力」[5]「得意分野を持つ個性豊かな教員」が提示されたが、教養審は同答申において「生徒指導や特別活動に係る科目については、扱う内容が伝統的学問領域と必ずしも整合しないため、学校の実態を踏まえた実践的内容が求められているにも関わらず、適切な担当教員が確保できていない」点を問題視しながら、「各教科、道徳及び特別活動の指導法等に関する科目について、学習指導要領に掲げる事項に即して包括的な内容を教

（5）具体的には、①地球的視野に立って行動するための資質能力、②変化の時代を生きる社会人に求められる資質能力、③教員の職務から必然的に求められる資質能力である。

授する必要があり、制度的にもその旨を明確化する必要がある」とした。

以上のような流れの中で、1998（平成10）年免許法は一部改正されるようになり、「専門的分野の学問的知識よりも子どもの関係や教授法等を重視する教職に関する科目の充実」が図られた(6)。改正免許法による教職に関する科目は表２の通りである。

（６）教職に関する科目等においては、教職に対する使命感を育むための「教職の意義等に関する科目」（２単位）の新設、中学校の「教育実習」（３単位から５単位へ引き上げ）、「生徒指導、教育相談及び進路指導等に関する科目」（２単位から４単位へ引き上げ）及びカウンセリングに関する内容の必修化、「総合演習」（２単位）の新設、「外国語コミュニケーション」及び「情報機器の操作」（各２単位）の必修化等が行われた。（赤星晋作（2010）「教師の資質能力と教員養成・免許―臨教審答申以降―」広島国際研究16、pp.113-115）

表1-2　1998（平成10）年改正免許法による教職に関する科目

		小学校			中学校			高校		幼稚園		
		専修	一種	二種	専修	一種	二種	専修	一種	専修	一種	二種
教職の意義等に関する科目	教職の意義及び教員の役割	2	2	2	2	2	2	2	2	2	2	2
	教員の職務内容（研修、服務及び身分保障を含む。）											
	進路選択に関する各種の機会の提供等											
教育の基礎理論に関する科目	教育の理念並びに教育に関する歴史及び思想	6	6	4	6	6	4	6	6	6	6	4
	幼児、児童及び生徒の心身の発達及び学習の過程（障害のある幼児、児童及び生徒の心身の発達及び学習の過程を含む。）											
	教育に関する社会的、制度的又は経営的事項											
教育課程及び指導法に関する科目	教育課程の意義及び編成の方法	22	22	14	12	12	4	6	6			
	各教科の指導法											
	道徳の指導法											
	特別活動の指導法											
	教育の方法及び技術（情報機器及び教材の活用を含む。）											
	教育課程の意義及び編成の方法									18	18	12
	保育内容の指導方法											
	教育の方法及び技術（情報機器及び教材の活用を含む。）											
生徒指導、教育相談及び進路指導等に関する科目	生徒指導の理論及び方法	4	4	4	4	4	4	4	4			
	教育相談（カウンセリングに関する基礎的な知識を含む。）の理論及び方法											
	進路指導の理論及び方法											
	幼児理解の理論及び方法									2	2	2
	教育相談（カウンセリングに関する基礎的な知識を含む。）の理論及び方法											
総合演習		2	2	2	2	2	2	2	2	2	2	2
教育実習		5	5	5	5	5	5	5	5	5	5	5
	合計	41	41	31	31	31	21	23	23	35	35	27

「**特別活動の指導法**」は「教職課程及び指導法に関する科目」の中に位置づけられ、平成元年以降、教職課程においてその内容を履修することが義務付けられるようになった。これは、「生徒指導の理論及び方法」、「教育相談の理論及び方法」、「進路指導の理論及び方法」に関する事項も同様であり、「**教科以**

外の活動の指導に関する内容」がより拡充してきたのである[7]。

（3）　2007（平成19）年の免許法改正

2002（平成14）年の中教審答申「今後の教員免許制度の在り方について」、2006（平成18）年の中教審答申「今後の教員養成・免許制度の在り方について」と、その後に改正された2007（平成19）年の免許法（2008年、免許施行規則改正）においては、特別活動の指導法に関して直接言及されていないものの、①教職に関する強い情熱、②教育の専門家としての確かな力量、③総合的な人間力を提示し、その資質能力を身につけることがより重要視されるようになった。

2　科目区分の「大括り化」

2016（平成28）年、文部科学省初等中等教育局教職員課は、中教審「これからの学校教育を担う教員の資質能力の向上について～学び合い、高め合う教員育成コミュニティの構築に向けて～」答申（平成27年）[8]を踏まえ「教科に関する科目」と「教職に関する科目」の統合し、科目区分の「大括り化」に向けた免許法改正の方向性を提示した。これにより、「特別活動の指導法」の免許法における位置も変わることが余儀なくされた。

（7）石田美清ほか（2004）「教職課程における「教科以外の指導」に必要な資質能力に関する調査」上越教育大学研究紀要第23巻第2号、p.473。

（8）同答申は、「改革の基本的方向性」について「教職課程における科目の大くくり化及び教科と教職の統合」する必要性を述べ、特に、「教科に関する科目」と「教職に関する科目」の中の「教科の指導法」については学校種ごとの教職課程の特性を踏まえつつも、大学によっては、例えば、両者を統合する科目や教科の内容及び構成に関する科目を設定するなど意欲的な取り組みが実施可能となるようにしていくことが重要であり、教科に関する科目と教職に関する科目等の科目区分を撤廃するのが望ましい」とした。

【小学校】

改　訂　前

		各科目に含めることが必要な事項	専修	一種	二種
教科に関する科目 ※国語（書写を含む。）、社会、算数、理科、生活、音楽、図画工作、家庭及び体育のうち一以上について修得すること			8	8	4
教職に関する科目	教職の意義等に関する科目	教職の意義及び教員の役割	2	2	2
		教員の職務内容（研修、服務及び身分保障等を含む。）			
		進路選択に資する各種の機会の提供等			
	教育の基礎理論に関する科目	教育の理念並びに教育に関する歴史及び思想	6	6	4
		幼児、児童及び生徒の心身の発達及び学習の過程（障害のある幼児、児童及び生徒の心身の発達及び学習の過程を含む。）			
		教育に関する社会的、制度的又は経営的事項			
	教育課程及び指導法に関する科目	教育課程の意義及び編成の方法	22	22	14
		各教科の指導法（一種:2単位×9教科、二種:2単位×6教科）			
		道徳の指導法（一種:2単位、二種:1単位）			
		特別活動の指導法			
		教育の方法及び技術（情報機器及び教材の活用を含む。）			
	生徒指導、教育相談及び進路指導等に関する科目	生徒指導の理論及び方法	4	4	4
		教育相談（カウンセリングに関する基礎的な知識を含む。）の理論及び方法			
		進路指導の理論及び方法			
	教育実習		5	5	5
	教職実践演習		2	2	2
教科又は教職に関する科目			34	10	2
			83	59	37

現　行

■の事項は備考において単位数を設定

	各科目に含めることが必要な事項	専修	一種	二種
教科及び教科の指導法に関する科目	イ　教科に関する専門的事項※「外国語」を追加。 ロ　■各教科の指導法（情報機器及び教材の活用を含む。）（各教科それぞれ1単位以上修得） ※「外国語の指導法」を追加。	30	30	16
教育の基礎的理解に関する科目	イ　教育の理念並びに教育に関する歴史及び思想 ロ　教職の意義及び教員の役割・職務内容（チーム学校への対応を含む。） ハ　教育に関する社会的、制度的又は経営的事項（学校と地域との連携及び学校安全への対応を含む。） ニ　幼児、児童及び生徒の心身の発達及び学習の過程 ホ　■特別の支援を必要とする幼児、児童及び生徒に対する理解（1単位以上修得） ヘ　教育課程の意義及び編成の方法（カリキュラム・マネジメントを含む。）	10	10	6
道徳、総合的な学習の時間等の指導法及び生徒指導、教育相談等に関する科目	イ　■道徳の理論及び指導法（一種:2単位、二種:1単位） ロ　総合的な学習の時間の指導法 ハ　特別活動の指導法 ニ　教育の方法及び技術（情報機器及び教材の活用を含む。） ホ　生徒指導の理論及び方法 ヘ　教育相談（カウンセリングに関する基礎的な知識を含む。）の理論及び方法 ト　進路指導（キャリア教育に関する基礎的な事項を含む。）の理論及び方法	10	10	6
教育実践に関する科目	イ　■教育実習（学校インターンシップ（学校体験活動）を2単位まで含むことができる。）（5単位） ロ　■教職実践演習（2単位）	7	7	7
大学が独自に設定する科目		26	2	2
		83	59	37

※「教科に関する科目」、「教職に関する科目」、「教科又は教職に関する科目」の3区分は廃止し、総単位数以外は全て省令において規定。
※「教科及び教科の指導法に関する科目」、「教育の基礎的理解に関する科目」、「道徳、総合的な学習の時間等の指導法及び生徒指導、教育相談等に関する科目」においては、アクティブ・ラーニングの視点等を取り入れること。
※教育実習に学校インターンシップ（2単位）を含む場合には、他の学校種の免許状取得における教育実習の単位流用（2単位）を認めない。

上記の図[9]のように、「特別活動の指導法」は従来「教職に関する科目」の「教育課程及び指導法に関する科目」に位置づけられていたが、今後、「教科に関する科目」と「教職に関する科目」の区分が「大括り化」されることによって、**「道徳、総合的な学習の時間等の指導法及び生徒指導、教育相談等に関する科目」**に位置づけられるようになった。さらに、「教育実践に関する科目」と「大学が独自に設定する科目」を除き、すべての科目領域において「アクティブ・ラーニング」の視点を入れることが求められるようになった。しかし、「特別活動」の指導法と、「道徳教育」や「生徒指導」、「進路指導」の指導法が、それぞれどのような特徴を持っており、お互いにどのような関係にあるのか、についてはより検討していく必要がある。

(9) 文部科学省初等中等教育局教職員課（2016）「教育職員免許法・同施行規則の改正及び教職課程コアカリキュラムについて 資料1－1『小学校』見直しイメージ」 http://www.mext.go.jp/component/a_menu/education/detail/__icsFiles/afieldfile/2017/07/27/1388004_2_1.pdf（最終閲覧日：2018.4.3）

3 「特別活動」の指導に求められる資質力量とは何か

昨今の免許法改正等の動きに伴い、「特別活動の指導法」は再びその目的と内容が問われるようになった。「特別活動」は、「学校における様々な構成の集団での活動を通して、課題の発見や解決を行い、よりより集団や学校生活を目指して様々に行われる活動の総体」である。単に教師の人柄が子どもたちに直接的な影響を及ぼすから大切という意味ではなく、むしろ教師の子ども理解の態度や能力、更には技法や知識といった教職の専門性の基幹的部分が最も具体的に問われるという意味で重要[10]な領域である。

また、子どもたちが自発的な集団での遊びを通して社会性、責任感、協力的態度、自律性、実践的能力、自律性などを高める場をもつことができにくくなっていること、子どもたち自ら主体的に何かをやる場面を欠き、主体的な行動力が弱まっていることなどの問題[11]とともに、「特別活動」に課せられる教育課題も多い。子ども理解の態度や能力、更には技法や知識を身に着け、子どもを学習の「主役」に導くような資質力量の重要性が一層高まっていると言えよう。

(10) 上杉孝實・皇紀夫（1993）『特別活動・教育実習』協同出版。

(11) 相原次男・新富康央（2001）『個性をひらく特別活動』ミネルヴァ書房。

演 習

〈特別活動の位置〉

1 特別活動の指導に求められる教員の資質力量が各時期別にどのように変化してきたのか、教育職員免許法の変遷過程を踏まえながら記入してください。

〈時間旅行の旅にでよう〉

◎大学で教育学を学ぶことの意義の一つとして、自身のこれまでの被教育体験を振り返ることにより、自己のアイデンティティ形成要因を探ることができます。経験を振り返ってみましょう。

2 あなたは小・中・高をどこですごしましたか？（答えられる範囲で結構です。）

3 小・中・高校時代のエピソードを思い起こして記入してください。また、記入した内容の中で特別活動の領域と思われるものに下線をひいてください。

「鍵」ワード ランドセル 砂場 クリスマス 先輩 修学旅行 運動会 プール 入学式 遠足 体操服 保健室 秘密基地 消しゴム 三輪車 盆踊り トランプ お年玉 日記帳

評価のポイント

・「特別活動の指導法」が国の法制度の中でどのように位置づけられてきたのか、またそれに影響した社会的状況を把握することができる。
・「特別活動」指導に求められる教員資質力量は何かについて意見を共有することができる。また、それが他の教科に関する科目、教職に関する科目と、何がどのように違うかについて説明することができる。
・今後、新しい時代に向けて特別活動の指導にはどのような変化が起きるか、その展望と課題について意見を共有することができる。

（鄭修娟）

02 特別活動の意義

章のポイント

前書きにも書かれているように、特別活動は日本式教育の一つのシンボルとして海外から注目をあびている。規律正しさや社会性の育て方を日本に学ぼうと、多くの国の視察団が訪問しにきている。それでは、特別活動はどのようなものなのか、特別活動を通してどのような教育を目指しているのか、特別活動がなぜ大事なのだろうか。本章では、学習指導要領をもとに、特別活動の定義、目標、意義、各活動の特質と役割を解説する。

1 特別活動とは何か

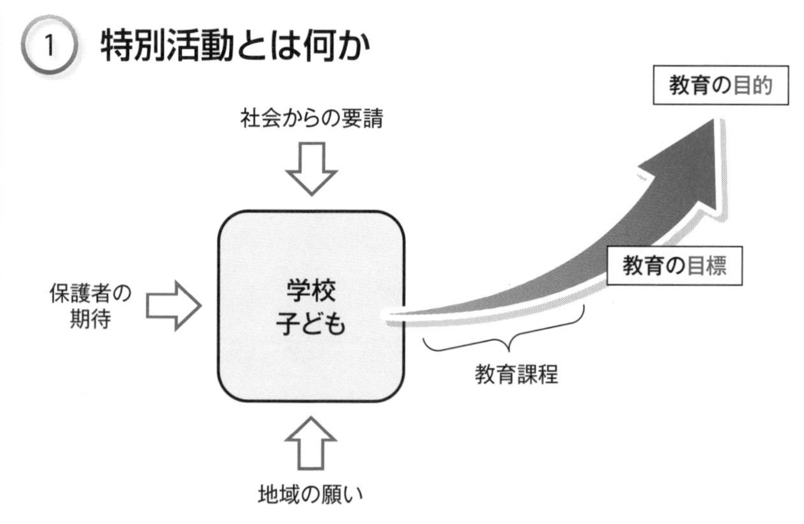

図2-1　教育の目的・目標の達成のための教育課程

教育課程は学校教育の目的や目標を達成するために、教育内容を児童生徒の心身の発達に応じ、授業時数との関連において総合的に組織した各学校の教育計画である。学校教育の目的や目標は**教育基本法**及び**学校教育法**に示されている。また、教育課程の領域、各教科・領域等の標準授業時数や目標、指導内容などは**学校教育法施行規則**や**学習指導要領**に示されている。各学校はこうした法令で定められている教育の目的や目標などに基づき、社会の変化、児童生徒、学校、地域の実態に即し、教育課程の編成、実施をしている（図2-1）。

小学校の教育課程は各教科、特別の教科道徳、外国語活動、総合的な学習の時間、特別活動の５つの領域、中学校では各教科、特別の教科である道徳、総合的な学習の時間、特別活動の４つの領域、高校では各教科、総合的な学習の時間、特別活動の３つの領域によって構成される（第４章参照）。

特別活動は小学校・中学校・高校の教育課程の一領域であり、『小学校学習指導要領（平成29年告示）特別活動解説編』では、以下のように、特別活動を定義している。「特別活動とは、様々な**集団活動**を通して、**課題の発見や解決**を行い、よりよい集団や学校生活を目指して行われる活動の総体である。また、身近な社会である学校において各教科等で育成した資質・能力について、**実践的な活動**を通して、**社会生活に生きて働く汎用的な力**として育成する教育活動でもある。」[(1)]

このように、特別活動は「**集団活動**」、「**実践的な活動**」が強調され、「**課題の発見や解決**」、「**社会生活に生きて働く汎用的な力**」の育成に重点が置かれている。このため、内容としては、「学級活動（小・中学校）・ホームルーム活動（高校）」、「児童会活動（小学校）・生徒会活動（中学校・高校）」、「クラブ活動（小学校）」、「学校行事（小・中・高校）」という活動群から構成され、「教科の学習」ではなく「教科以外の学習」に位置づいている[(2)]。

特別活動の目標と内容は学習指導要領で示されている。**学習指導要領**は、全国のどの地域で教育を受けても、一定水準の教育を受けられるように、文部科学省が教育課程の基準として示したものであり、**告示**と呼ばれる。1947（昭和22）年の当初の学習指導要領は「試案」とされ、教師の手引き書であったが、1958（昭和33）年より法的拘束力を持つ告示へと変化した。これまで小・中学校学習指導要領は８回、高校は９回の改訂が行われている（第３章参照）。

表2-1は、2008（平成20）年（小・中学校）、2009（平成21）年（高校）告示の学習指導要領、2017（平成29）年（小・中学校）、2018（平成30）年（高校）告示の学習指導要領の目標である[(3)]。

平成20・21年版学習指導要領の特別活動の目標の中では、「心身の調和のとれた発達と個性の伸長」という個の側面と「集団の一員としてよりよい生活や人間関係を築こうとする」という集団の側面が示され、望ましい**集団活動**[(4)]を通して、個と集団の関係を考え、よりよい人間関係を築くことが特別活動の重点となっている。また、「自主的、実践的な態度を育てる」ことからもわかるように、「なすことによって学ぶ」という指導原理が重要視されている。

一方、平成29・30年版学習指導要領は、上記のような「集団活動」と「実践的な活動」の特質、「なすことによって学ぶ」という指導原理を継承しつつ、「何ができるようになるか」（育成を目指す資質・能力）、「どのような学習過程を経ることにより資質・能力の向上につながるのか」を明示している。具体的には、これまでの目標を整理し、「**人間関係形成**」、「**社会参画**」、「**自己実現**」という三つの視点から、特別活動において育成する資質・能力を明確化している。また、「望ましい集団活動を通して」という文言を変え、「様々な**集団活動**に**自主的、実践的に取り組み**、互いのよさや可能性を発揮しながら集団や自己の生活上の課題を解決することを通して」と学習過程を明確に示している[(5)]。

（１）文部科学省（2017）『小学校学習指導要領（平成29年告示）解説　特別活動編』p.24。

（２）特別活動の各活動の内容等に関しては、本書の第５章～第16章を参照されたい。

（３）文部科学省（2017）『小学校学習指導要領』、『中学校学習指導要領』、文部科学省（2018）『高等学校学習指導要領』、文部科学省（2008）『小学校学習指導要領』、『中学校学習指導要領』、文部科学省（2009）『高等学校学習指導要領』を参照し、執筆者が作成。

（４）望ましい集団活動の６つの条件は、以下のように示されている。
ア　活動の目標を全員でつくり、その目標について全員が共通の理解をもっていること。
イ　活動の目標を達成するための方法や手段などを全員で考え、話し合い、それを協力して実践できること。
ウ　一人一人が役割を分担し、その役割を全員が共通に理解し、自分の役割や責任を果たすとともに、活動の目標について振り返り、生かすことができること。
エ　一人一人の自発的な思いや願いが尊重され、互いの心理的な結び付きが強いこと。
オ　成員相互の間に所属感や所属意識、連帯感や連帯意識があること。
カ　集団の中で、互いのよさを認め合うことができ、自由な意見交換や相互の関係が助長されるようになっていること。
文部科学省（2008）『小学校学習指導要領解説　特別活動編』p.9。

（５）文部科学省（2017）『小学校学習指導要領（平成29年告示）解説　特別活動編』p.7。

表2-1　学習指導要領における特別活動の目標

	目標
平成29・30年告示	**（小学校）** 集団や社会の形成者としての見方･考え方を働かせ、様々な**集団活動に自主的、実践的に取り組み、互いのよさや可能性を発揮**しながら**集団や自己の生活上の課題を解決する**ことを通して、次のとおり資質・能力を育成することを目指す。 （1）多様な他者と協働する様々な集団活動の意義や活動を行う上で必要となることについて理解し、行動の仕方を身に付けるようにする。 （2）集団や自己の生活、人間関係の課題を見いだし、解決するために話し合い、合意形成を図ったり、意思決定したりすることができるようにする。 （3）自主的、実践的な集団活動を通して身に付けたことを生かして、集団や社会における生活及び人間関係をよりよく形成するとともに、**自己の生き方**についての考えを深め、自己実現を図ろうとする態度を養う。 **（中学校）** 集団や社会の形成者としての見方･考え方を働かせ、様々な**集団活動に自主的、実践的に取り組み、互いのよさや可能性を発揮**しながら**集団や自己の生活上の課題を解決する**ことを通して、次のとおり資質・能力を育成することを目指す。 （1）多様な他者と協働する様々な集団活動の意義や活動を行う上で必要となることについて理解し、行動の仕方を身に付けるようにする。 （2）集団や自己の生活、人間関係の課題を見いだし、解決するために話し合い、合意形成を図ったり、意思決定したりすることができるようにする。 （3）自主的、実践的な集団活動を通して身に付けたことを生かして、集団や社会における生活及び人間関係をよりよく形成するとともに、**人間としての生き方**についての考えを深め、自己実現を図ろうとする態度を養う。 **（高等学校）** 集団や社会の形成者としての見方･考え方を働かせ、様々な**集団活動に自主的、実践的に取り組み、互いのよさや可能性を発揮**しながら**集団や自己の生活上の課題を解決する**ことを通して、次のとおり資質・能力を育成することを目指す。 （1）多様な他者と協働する様々な集団活動の意義や活動を行う上で必要となることについて理解し、行動の仕方を身に付けるようにする。 （2）集団や自己の生活、人間関係の課題を見いだし、解決するために話し合い、合意形成を図ったり、意思決定したりすることができるようにする。 （3）自主的、実践的な集団活動を通して身に付けたことを生かして、主体的に集団や社会に参画し、生活及び人間関係をよりよく形成するとともに、**人間としての在り方生き方**についての自覚を深め、自己実現を図ろうとする態度を養う。
平成20・21年告示	**（小学校）** 望ましい**集団活動**を通して、**心身の調和のとれた発達と個性の伸長**を図り、**集団**の一員としてよりよい生活や人間関係を築こうとする**自主的、実践的な態度**を育てるとともに、**自己の生き方**についての考えを深め、**自己を生かす能力**を養う。 **（中学校）** 望ましい**集団活動**を通して、**心身の調和のとれた発達と個性の伸長**を図り、**集団や社会**の一員としてよりよい生活や人間関係を築こうとする**自主的、実践的な態度**を育てるとともに、**人間としての生き方**についての自覚を深め、**自己を生かす能力**を養う。 **（高等学校）** 望ましい**集団活動**を通して、**心身の調和のとれた発達と個性の伸長**を図り、**集団や社会**の一員としてよりよい生活や人間関係を築こうとする**自主的、実践的な態度**を育てるとともに、**人間としての在り方生き方**についての自覚を深め、**自己を生かす能力**を養う。

② なぜ特別活動が必要か

教育基本法第一条（教育の目的）では、「教育は、**人格の完成**を目指し、**平和で民主的な国家及び社会の形成者**として必要な資質を備えた心身ともに健康な国民の育成を期して行われなければならない」とされる。また、第二条（教育の目標）[6]では、「幅広い知識と教養を身に付け」ることや、「個人の価値を尊重し」、「自主及び自律の精神を養う」こと、「職業及び生活との関連を重視し」、「主体的に社会の形成に参画」することなどが規定されている。これらの規定からわかるように、単に知識を習得しただけでは、「**人格の完成**」がなされたとはいえない。習得した知識を活用し、自主性、自律性や社会で生きていく力を備えた人間の育成を目指さなければならない。

この点、各教科で習得した知識を活用し、集団活動、実践的な活動を通して、社会生活に生きて働く汎用的な力の育成を目指す特別活動の目的もそこにあると指摘されている[7]。つまり、「人格の完成」という日本の教育のめざす目的地にたどり着くために、特別活動は不可欠な役割を果たすのである。

それでは、より具体的に学校教育の中で特別活動はどのような意義をもつのであろうか。平成29・30年版学習指導要領では、次の４点の教育的意義[8]があると考えられている。

第一に、特別活動の特質を踏まえた**資質・能力の育成**である。ここでいう特別活動の特質とは、「**集団活動**」と「**実践的な活動**」を指す。特別活動は、「なすことによって学ぶ」という方法原理を重視している。様々な集団活動の中で、「**思考力、判断力、表現力等**」を活用し、他者と協力しながら実践することで「**知識及び技能**」を得ていく。さらに、このような活動を通して、生涯にわたり「**学びに向かう力、人間性等**」が育成されていく（図2-2）。

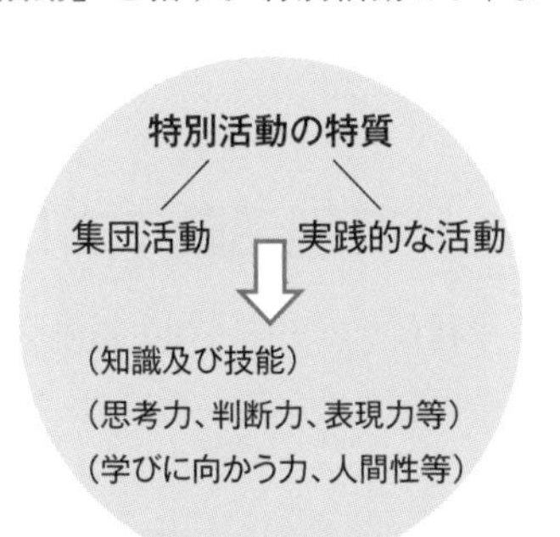

図2-2　特別活動の特質を踏まえた資質・能力の育成

第二に、**学級経営の充実**である。児童生徒にとっては、学級は学校生活の基盤であり、学級内のよい人間関係が児童生徒の学び、さらに学校生活全体に大きな影響を与える。学級経営は学級担任の仕事であり、学級担任と児童生徒の**信頼関係**の構築、学級内の児童生徒の**よりよい人間関係**の形成が目指されている。特別活動の展開は、学級経営に資する自発的、自治的な学級づくり、**よりよい人間関係**の構築に寄与できる（図2-3）。

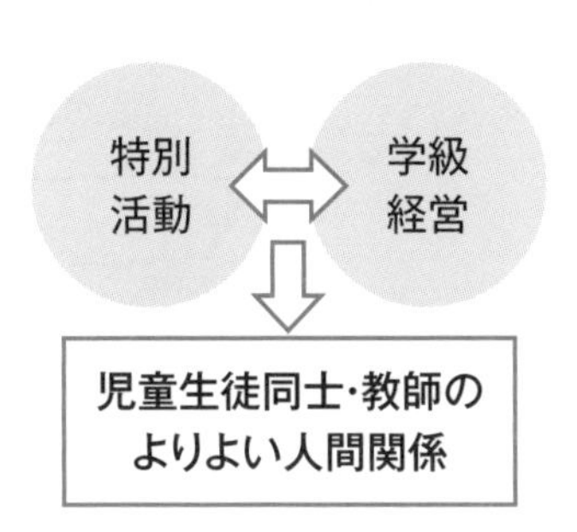

図2-3　特別活動と学級経営の充実

（6）教育基本法第二条（教育の目標）教育は、その目的を実現するため、学問の自由を尊重しつつ、次に掲げる目標を達成するよう行われるものとする。
一　幅広い知識と教養を身に付け、真理を求める態度を養い、豊かな情操と道徳心を培うとともに、健やかな身体を養うこと。
二　個人の価値を尊重して、その能力を伸ばし、創造性を培い、自主及び自律の精神を養うとともに、職業及び生活との関連を重視し、勤労を重んずる態度を養うこと。
三　正義と責任、男女の平等、自他の敬愛と協力を重んずるとともに、公共の精神に基づき、主体的に社会の形成に参画し、その発展に寄与する態度を養うこと。
四　生命を尊び、自然を大切にし、環境の保全に寄与する態度を養うこと。
五　伝統と文化を尊重し、それらをはぐくんできた我が国と郷土を愛するとともに、他国を尊重し、国際社会の平和と発展に寄与する態度を養うこと。

（7）荒堀浩文（2017）「第２章　特別活動の目的」『新しい特別活動の指導原理』ミネルヴァ書房、p.18。

（8）文部科学省（2017）『小学校学習指導要領（平成29年告示）解説　特別活動編』pp.30-32を参照。

第三に、**各教科等の学びを実践につなげる**意義である。特別活動は**実践的な活動**という性格をもつ。つまり、学校での学びをいかに実生活に役に立たせるかに力点が置かれる。それゆえ、各教科等で習得した知識・技能等を深めていくことに特別活動は機能し、**統合的で汎用的な力**に変え、児童生徒に習得したものが**実生活に役立つ**喜びを感じさせ、さらに児童生徒の学びの意欲を向上させることができる（図2-4）。

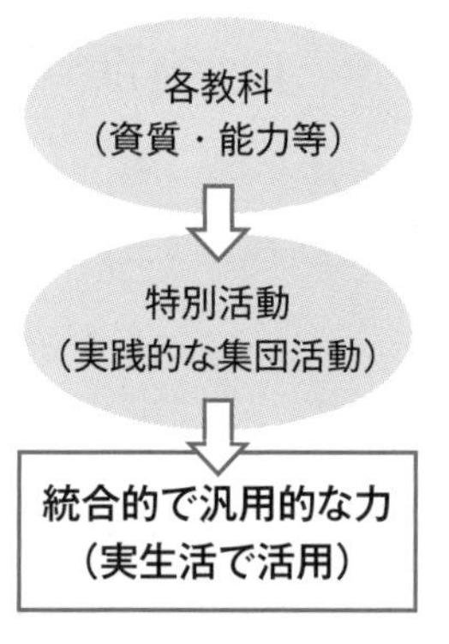

図2-4　特別活動を通した各教科等の学びの実践

第四に、**学級や学校の文化を創造する**意義である。学級活動における**自発的・自治的な活動**はもちろん、児童会・生徒会活動、クラブ活動や、様々な学校行事などを通して、楽しく豊かな学校文化と学校独自の「伝統」が作られ、つまり、特色のある学校づくりが特別活動を通して可能になる（図2-5）。

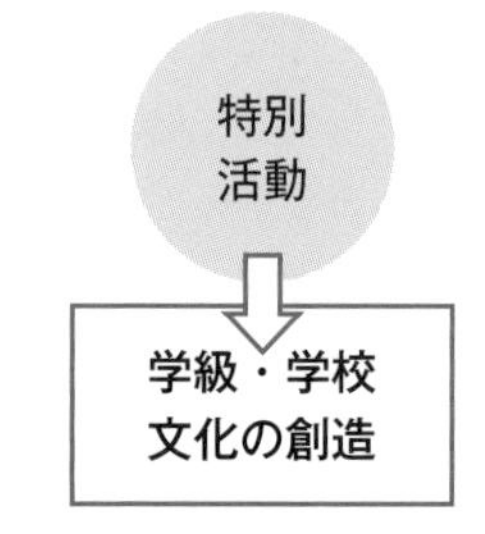

図2-5　特別活動による学級・学校文化の創造

以上のような、特別活動の教育的意義を十分に理解し、児童生徒の個々の伸長、社会で生きて働く汎用的な力の育成の観点を踏まえたうえで、効果的な特別活動を展開することが重要である。

3　特別活動における各活動の特質・役割は何か

学校は学級集団や学年集団など、様々な集団によって構成される。特別活動はその様々な集団を利用し、「**学級活動・ホームルーム活動**」、「**児童会・生徒**

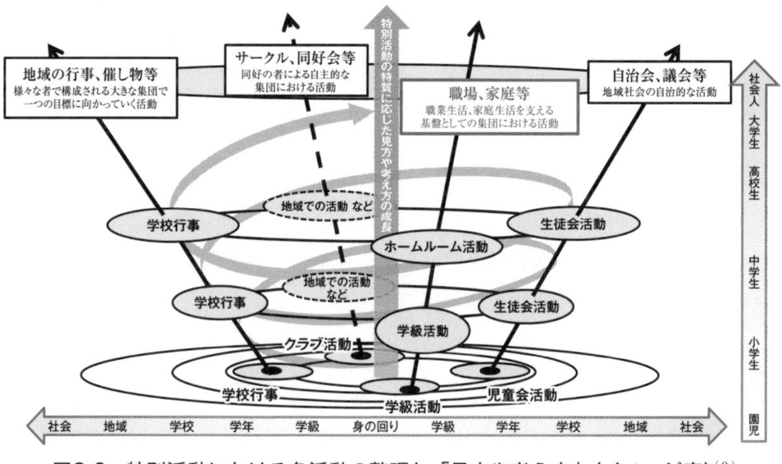

図2-6　特別活動における各活動の整理と「見方や考え方」（イメージ案）[9]

（9）教育課程部会特別活動ワーキンググループ（第８回）配布資料３「特別活動における各活動の整理と『見方や考え方』（イメージ案）」www.mext.go.jp/b_menu/shingi/chukyo/chukyo3/066/siryo/__icsFiles/afieldfile/2016/07/01/1373628_2.pdf（最終アクセス日：2018年３月31日）

会活動」、「クラブ活動」、「学校行事」を通して、児童生徒が学校から社会へと、「**集団や社会の形成者としての見方・考え方を働かせ**」ることを目指している。

図2-6の通り、学級活動・ホームルーム活動、児童会・生徒会活動、クラブ活動、学校行事のぞれぞれは「集団」の特質を持つ(10)。**学級活動・ホームルーム活動**の場合、「小さな集団」、「日々生活をともにする集団」活動であり、よりよい生活づくりのために、児童生徒は**課題解決**に向けた話し合いを行い、**自己と他者**の認識の違いを感じたり、合意形成を図ったり、身近な人々と**よりよい人間関係**をつくっていく。このような性質を持つ学級活動・ホームルーム活動を通して育成された資質・能力等は今後、家庭や職場といった集団生活の中で役に立つと考えられる（第６章～第８章参照）。

児童会・生徒会活動の場合、学級単位を超えた全校児童生徒の生活に関わる「**異年齢集団**」、「**自発的、自治的な集団**」活動であり、学校生活をよりよくするために、児童生徒はコミュニケーションを図り、**学校づくりに参画**し、協力し合い、**課題解決**を図っている。このような性質を持つ児童会・生徒会活動を通して育成される資質・能力等は今後地域社会、例えば自治会、議会等で役に立つと考えられる（第９章を参照）。

クラブ活動の場合、児童の「主体的に運営・計画する集団」、「共通の趣味・関心を追求する集団」活動であり、中学校以降の部活動の選択、将来の進路・職業等の選択に役に立ち、さらに、地域社会のサークル、同好会などの主体的な参加・運営につながる（第５章参照）。

学校行事になると、「大きな集団」、「一つの目的の下に行われる集団」活動であり、そこで、異年齢交流、地域の人々との交流までででき、**多様な他者と協働**する仕方を理解することができる。児童生徒は様々な集団で**所属感**、**連帯感**を高め、**一つの目標に向かって取り組んでいく**。今後、地域社会で活動を通して社会への所属感、連帯感等を高めることが期待できる（第10章～第16章参照）。

このように、特別活動では様々な集団活動を通して、児童生徒の資質・能力を育成し、「学校教育の出口としての社会」である家庭・職場・地域社会といった様々な集団に貢献することになる。

こうした特別活動の意義、各活動の役割については、日本式の人間教育として、海外からも高い評価を受けている(11)。全人教育がますます重要視される今の時代において、特別活動はその存在意義が高まっていると言えよう。

(10) 文部科学省（2017）『小学校学習指導要領（平成29年告示）解説　特別活動編』pp.14-15、杉田洋ほか（2017）『平成29年版　小学校　新学習指導要領ポイント総整理　特別活動』東洋館出版社、pp.24-27を参照。

(11) 例えば、各国の教育制度を調査したエジプト政府は、2015年、日本の小学校に視察団を派遣し特別活動を見学している。視察者らは「特活では、自分たちで考えて行動する力を育てられる。よりよい教育のためには日本の特活が必要だ」と言い、日本の特別活動を高く評価した。その後、エジプトはモデル校を設定し、正式的に特別活動を導入した（朝日新聞夕刊「『特活』世界が注目　学校の掃除・給食　礼儀養う」2015年10月24日付）。

評価のポイント

- 特別活動の目標と内容について理解できるようになる。
- 特別活動の意義について理解できるようになる。
- 特別活動における各活動の特質・役割について理解できるようになる。

（楊川）

03 特別活動の歴史

章のポイント

特別活動はいつから「特別活動」と呼ばれることになったのだろうか。また、特別活動の内容は、学級活動（高校はホームルーム活動）、児童会活動（中・高は生徒会活動）、学校行事及びクラブ活動（小学校のみ）で構成されているが、いつからこれらの内容となったのだろうか。さらに、特別活動は「なすことによって学ぶ」ことを方法原理とした集団活動であると言われているが、特別活動において「個」と「集団」はどのように関係づけられてきたのだろうか。本章では、戦後の特別活動の歴史を概観し、これらの問いに答えていく。

1 特別活動はいつから「特別活動」と呼ばれるようになったのか

特別活動は当初からその名称で開始されたわけではない。類似した名称は、「児童の個性の赴くところに従って、それを伸ばして行くこと」をねらいとした「自由研究」[1]の導入をめぐる中学校の混乱の収束のために発出された1949（昭和24）年通達に登場する（「特別教育活動」）。自由研究の第一のねらいは教科学習の発展にあったが、学校の理解不足により円滑な実施が困難であったことから、次の改訂の際にはなくなることになった[2]。以降、「特別教育活動」のほか、「教科以外の活動」、「各教科以外の教育活動」等の名称もみられたが、1968（昭和43）年、1969（昭和44）年の小・中学校学習指導要領の改訂時に初めて「特別活動」が使用され、さらに1978（昭和53）年には高校でも「特別活動」の名称が使用されるようになった。これ以降、この名称が使用され続けている。

表3-1　特別活動の移り変わり

年	内容
1947（昭和22）年：小・中	小・中学校で、児童・生徒が自発的な活動を行う「**自由研究**」が新設された。
1951（昭和26）年：小・中・高	「自由研究」に代わって、小学校では「教科以外の活動」、中学校・高等学校では「特別教育活動」が新設された。
1958（昭和33）年：小・中 1960（昭和35）年：高	「**特別教育活動**」が「特別教育活動」と「学校行事等」に分けられた。
1968（昭和43）年：小 1969（昭和44）年：中 1970（昭和45）年：高	「特別教育活動」と「学校行事等」が統合され、「特別活動」（高等学校では「各教科以外の教育活動」）となった。
1977（昭和52）年：小・中 1978（昭和53）年：高	小・中・高の教育内容の一貫性を図る趣旨から、高等学校「各教科以外の教育活動」を「特別活動」に改称した。
1989（平成元）年：小・中・高	小・中学校で「学級指導」を「学級活動」に、高等学校で「ホームルーム」を「ホームルーム活動」に改称した。
1998（平成10）年：小・中 1999（平成11）年：高	中・高等学校の「**クラブ活動**」を**廃止**した。
2008（平成20）年：小・中 2009（平成21）年：高	特別活動の目標に「**よりよい**人間関係」を築くことが新たに加えられた。

（1）自由研究は、教科に触発された自発的活動をなす時間と想定され、工作、理科の実験、書道、絵画等「きわめて多様な活動がこの時間にいとまれる」とされていた。また、異学年の同好の者によるクラブ組織の活動も望ましいとされ、音楽クラブ、書道クラブ、手芸クラブ、スポーツ・クラブを例示していた。さらに「児童が学校や学級の全体に対して負うている責任を果たす—たとえば、当番の仕事をするとか、学級の委員としての仕事をするとか—ために、この時間をあてることも、その用い方の一つ」とされていた。非常に多様な性質の活動の実施が認められていたと言えよう。

（2）なお、昭和26年版学習指導要領では、自由研究が姿を消した理由として、「自由研究として強調された個人の興味と能力に応じた自由な学習は、各教科の学習指導法の進歩とともにかなりにまで各教科の学習の時間内にその目的を果すことができるようになったし、またそのようにすることが教育的に健全な考え方である」としている。

2 特別活動の内容はいつから現在の種類になったのか

特別活動の内容は、現在学級活動（高校はホームルーム活動）、児童会活動（中・高は生徒会活動）、学校行事及びクラブ活動（小学校のみ）で構成されている。特別活動は教科ではない活動の総称でもあり、当初多様な内容が想定されていた。自由研究の内容は既述したが、1949（昭和24）年に登場した中学校の「特別教育活動」でも、運動、趣味、娯楽、ホームルーム活動、生徒会等が例示されていた。現在の「集団活動」としての性格が徐々に明確になるのは、1951（昭和26）年の改訂時である。この改訂の際、それまで学習指導要領には明示されていなかったものの、慣行として実施されていた学校行事等の集団で行う活動が「教科以外の活動」（小）、「特別教育活動」（中・高）に含み込まれることになった[(3)]。こうして特別活動の集団活動としての特徴が後発的に付与されることになった。以降の特別活動の内容の変化は表3-2の通りとなる。

（3）1951（昭和26）年版学習指導要領では、「教科以外の活動」を設けた理由として「児童全体の集会、児童の種々な委員会・遠足・学芸会・展覧会・音楽会・自由な読書・いろいろなクラブ活動等」があり、「教育的に価値があり、こどもの社会的、情緒的、知的、身体的発達に寄与する」ため、「教育課程のうちに正当な位置をもつべき」であり、「教科の学習だけではじゅうぶん達せられない教育目標が、これらの活動によって満足に到達される」と説明している。

表3-2 特別活動の内容の変遷

改訂年	小学校	中学校	高校
S33(小･中) S35(高)	特別教育活動（学級会活動、児童会活動、クラブ活動）、学校行事等	特別教育活動（学級活動、生徒会活動、クラブ活動）、学校行事等	特別教育活動（ホームルーム、生徒会活動、クラブ活動）、学校行事等
S43(小) S44(中) S45(高)	児童活動（児童会活動･学級会活動･クラブ活動）、学級指導、学校行事	生徒活動（生徒会活動･クラブ活動･学級会活動）、学級指導、学校行事	ホームルーム、生徒会活動、クラブ活動、学校行事
S52(小･中) S53(高)	児童活動（学級会活動･児童会活動･クラブ活動）、学級指導、学校行事	生徒活動（学級会活動･生徒会活動･クラブ活動）、学級指導、学校行事	ホームルーム、生徒会活動、クラブ活動、学校行事
H1	学級活動、児童会活動、クラブ活動、学校行事	学級活動、生徒会活動、クラブ活動、学校行事	ホームルーム活動、生徒会活動、クラブ活動、学校行事
H10	学級活動、児童会活動、クラブ活動、学校行事	学級活動、生徒会活動、学校行事	ホームルーム活動、生徒会活動、学校行事
H20	学級活動、児童会活動、クラブ活動、学校行事	学級活動、生徒会活動、学校行事	ホームルーム活動、生徒会活動、学校行事

1958（昭和33）年（小・中）、1960（昭和35）年（高）に特別教育活動と学校行事等が分離されることになるが[(4)]、次回の改訂の際に統合された。また、その改訂の際には、児童・生徒の自主性を重視する学級会活動、児童（生徒）会活動及びクラブ活動によって構成された「児童（生徒）活動」、人間関係の醸成をねらいとした教員主導の指導である「学級指導」、そして学校行事という内容編成となった。これら三種の活動が集約された結果、特別活動の目標において統一的に活動の性質を記すことは困難になり、「望ましい集団活動」という抽象化された表現が用いられることになった。

その後、1989（平成元）年の改訂により、「児童（生徒）活動」のうちの学級会活動と「学級指導」の両者が「学級活動」として編成された。性格の異なる２つの活動が、学級という集団の同一性を背景に一体化されたのである。

そして、1998（平成10）年改訂の際には、学校週５日制の導入や、部活動との内容上の重複を背景に、中･高のクラブ活動は特別活動から消えることになった。

（4）分離の理由は、両者の目標や「指導計画作成および指導上の留意事項」から理解できる。特別教育活動は「児童（生徒）の自発的、自治的な活動」（小・中）、「生徒の自発的な活動」（高）と表現され、指導計画作成や実施は「児童の自発的な要求を可能なかぎり受け入れる」（小）、「なるべく生徒がみずから計画を作り、自主的に活動するのを奨励し、援助するように図ることが望ましい」（中・高）とされていた。一方、学校行事等は「学校が計画し実施する教育活動」（小・中・高）と表現されており、学校の主導性が明確にされている。

③ 特別活動における「個」と「集団」の関係の変化①

特別活動は、「なすことによって学ぶ」ことを方法原理とした集団活動であることが特徴とされる[5]。これまで見てきたように、特別活動は様々な性格の活動を「集団」という共通性で一括りにしたものであり、方法原理としての特徴はともかくも、目標レベルでは共通のものを設定しにくい性質を持つと言えよう。

その中で、戦後の特別活動がほぼ一貫して個性を伸ばすことを目標に挙げていたことは注視される（表3-3、3-4下線部）[6]。特別活動の様々な性格の活動のいずれにおいても、集団との関係でどのように児童・生徒の個性を発揮し、伸ばすかが重要な実践上のテーマであったと言ってよい。

戦後の特別活動の内容の中で、最も個性の発揮とその伸長が期待されていたのはクラブ活動であった。そのクラブ活動が中・高において廃止された平成10・11年版、続く平成20・21年版学習指導要領においてもやはり個性の伸長を図ることが目標に掲げられていたことは、戦後の特別活動のなかで大きな特徴として位置づいていたことを示すものである。

（5）文部科学省（2017）『小学校学習指導要領解説 特別活動編』東洋館出版社、p.6。

（6）「個性の伸長」とは、「児童が、様々な集団活動を通して、多様な他者との人間的な触れ合いの中で、自他のよさや可能性に気付き、理解し、そのよさや可能性を互いに認め合い、よりよく伸ばし合うとともに、自分への自信をもち、積極的に集団活動に生かしていくこと」と示されている（文部科学省（2008）『小学校学習指導要領解説 特別活動編』東洋館出版社、p.10）。

表3-3　小学校の特別活動の目標の推移

S33	1　児童の自発的、自治的な活動を通して、自主的な生活態度を養い、社会性の育成を図る。 2　所属する集団の運営に積極的に参加し、その向上発展に尽すことができるようにする。 3　実践活動を通して、個性の伸長を図り、心身ともに健康な生活ができるようにする。
S43	望ましい集団活動を通して、心身の調和的な発達を図るとともに、個性を伸長し、協力してよりよい生活を築こうとする実践的態度を育てる。
S52	望ましい集団活動を通して、心身の調和のとれた発達を図り、個性を伸長するとともに、集団の一員としての自覚を深め、協力してよりよい生活を築こうとする自主的、実践的な態度を育てる。
H1	望ましい集団活動を通して、心身の調和のとれた発達と個性の伸長を図るとともに、集団の一員としての自覚を深め、協力してよりよい生活を築こうとする自主的、実践的な態度を育てる。
H10	望ましい集団活動を通して、心身の調和のとれた発達と個性の伸長を図るとともに、集団の一員としての自覚を深め、協力してよりよい生活を築こうとする自主的、実践的な態度を育てる
H20	望ましい集団活動を通して、心身の調和のとれた発達と個性の伸長を図り、集団の一員としてよりよい生活や人間関係を築こうとする自主的、実践的な態度を育てるとともに、自己の生き方についての考えを深め、自己を生かす能力を養う。

表3-4　中学校の特別活動の目標の推移

S33	1　生徒の自発的・自治的な活動を通して、楽しく規律正しい学校生活を築き、自主的な生活態度や公民としての資質を育てる。 2　健全な趣味や豊かな教養を養い、余暇を活用する態度を育て、個性の伸長を助ける。 3　心身の健康の助長を図るとともに、将来の進路を選択する能力を養う。
S44	教師と生徒および生徒相互の人間的な接触を基盤とし、望ましい集団活動を通して豊かな充実した学校生活を経験させ、もって人格の調和的な発達を図り、健全な社会生活を営む上に必要な資質の基礎を養う。
S52	望ましい集団活動を通して、心身の調和のとれた発達を図り、個性を伸長するとともに、集団の一員としての自覚を深め、協力してよりよい生活を築こうとする自主的、実践的な態度を育てる。
H1	望ましい集団活動を通して、心身の調和のとれた発達と個性の伸長を図り、集団の一員としてよりよい生活を築こうとする自主的、実践的な態度を育てるとともに、人間としての生き方についての自覚を深め自己を生かす能力を養う。
H10	望ましい集団活動を通して、心身の調和のとれた発達と個性の伸長を図り、集団や社会の一員としてよりよい生活を築こうとする自主的、実践的な態度を育てるとともに、人間としての生き方についての自覚を深め、自己を生かす能力を養う。
H20	望ましい集団活動を通して、心身の調和のとれた発達と個性の伸長を図り、集団や社会の一員としてよりよい生活や人間関係を築こうとする自主的、実践的な態度を育てるとともに、人間としての生き方についての自覚を深め、自己を生かす能力を養う。

④ 特別活動における「個」と「集団」の関係の変化②

一方、中・高のクラブ活動が廃止された平成10・11年版学習指導要領は、個性を教育課程全体で伸ばすことを期待していた[(7)]。改訂のベースとなった答申では、「ゆとりのある教育活動を展開する中で、基礎・基本の確実な定着を図り、個性を生かす教育を充実すること」を改訂のねらいとして挙げ、教育内容の選択幅を拡大し、また新設の「総合的な学習の時間」で生徒の興味・関心を生かした学習活動を行う中で、主体的に児童・生徒が学習することを期待していた。

こうして個性の伸長が教育課程全体のテーマとなる一方、特別活動では、集団の中で自らを律して行動することが大きなテーマとなってきた（表3-4、3-5波線部)。昭和52・53年版学習指導要領の目標では「集団の一員としての自覚」が、平成20・21年版学習指導要領ではよりよい「人間関係」を築くことが加えられた[(8)]。そして平成29・30年版学習指導要領では目標から「個性の伸長」が消え、より集団の中での個人のあり方が強調されることとなった（表3-5)。

特別活動の歴史上、集団（活動）の場、機会は個性を伸ばすものとして長く期待されていた。目標レベルにおけるその消失を、教育課程全体で引き受けるものになったと肯定的に見るか、特別活動の大きな特徴が失われたと否定的に見るか。今後の特別活動の歴史が評価していくことになるだろう。

（7）「幼稚園、小学校、中学校、高等学校、盲学校、聾学校及び養護学校の教育課程の基準の改善について（答申）」（平成10年7月29日　教育課程審議会）においては、各学校段階の役割を「自分のよさ・個性を発見する素地を養い、自立心を培うこと」（小学校)、「自分の個性の発見・伸長を図り、自立心を更に育成していくこと」（中学校)、「個性の一層の伸長と自立を図ること」（高校）としている。

（8）なお、この際、学級（ホームルーム）活動、児童（生徒）会活動、クラブ活動、学校行事の全ての目標において、望ましい人間関係を形成することが加えられた。

表3-5　平成29・30年版学習指導要領の特別活動の目標

集団や社会の形成者としての見方・考え方を働かせ、様々な集団活動に自主的、実践的に取り組み、互いのよさや可能性を発揮しながら集団や自己の生活上の課題を解決することを通して、次のとおり資質・能力を育成することを目指す。 （1）多様な他者と協働する様々な集団活動の意義や活動を行う上で必要となることについて理解し、行動の仕方を身に付けるようにする。 （2）集団や自己の生活、人間関係の課題を見いだし、解決するために話し合い、合意形成を図ったり、意思決定したりすることができるようにする。 （3）自主的、実践的な集団活動を通して身に付けたことを生かして、集団や社会における※1生活及び人間関係をよりよく形成するとともに、自己の生き方※2についての考えを深め、自己実現を図ろうとする態度を養う。

※1 高等学校学習指導要領では「主体的に集団や社会に参画し、」。
※2 中学校学習指導要領では「人間としての生き方」、高等学校学習指導要領では「人間としての在り方生き方」。

評価のポイント

- 「特別活動」という名称がいつから使用されたのか説明できるようになる。
- 特別活動の内容がいつから学級活動（ホームルーム活動)、児童（生徒）会活動、クラブ活動（小学校のみ)、学校行事となったのか説明できるようになる。
- 戦後の特別活動の目標の特徴を説明できるようになる。
- 特別活動の目標において、個人と集団との関係がどのように変化してきたのかを説明できるようになる。

（雪丸武彦）

04 教育課程における特別活動の位置づけ

章のポイント

特別活動に関する理解は、教育課程における特別活動の位置づけを他の教科等との教育上の違いから確認することによってより深いものとなる。

本章のねらいは、特別活動と「各教科」「特別の教科 道徳」「外国語活動」「総合的な学習の時間」との関係性を教育上の目的や時間数に着目しながら、特別活動について紹介し、その理解を深めることである。

1 特別活動の特質

特別活動の特質を確認するにあたって、まずは各教科等の目標を確認しておく。右**表4-1**は、2017（平成29）年度告示の新学習指導要領（小学校）における「各教科（国語）」「特別の教科 道徳」「外国語活動」「総合的な学習の時間」の目標を整理したものである。

第１章総則第１の３では、各教科等の指導を通して教育活動の充実を図る際に、以下に掲げることが偏りなく実現できるようにするものとされている。

（1）知識及び技能が習得されるようにすること。
（2）思考力、判断力、表現力等を育成すること。
（3）学びに向かう力、人間性等を涵養すること。

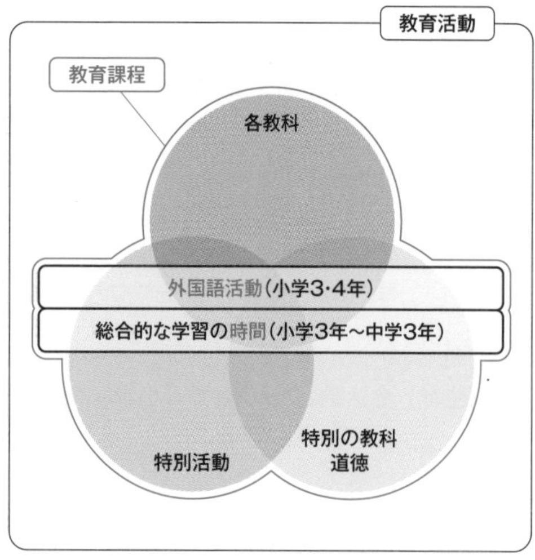

図4-1 小・中学校の教育課程

右**表4-1**から「特別の教科 道徳」を除く各教科等では、上記３点に応じて、学習対象の見方・考え方を通した、当該教科等に関わる資質・能力の育成が目標として表されていることがわかる。この表記方法は、第２章でも紹介しているとおり、「特別活動」においても同様である。それでは、各教科や道徳などの教科課程および特別活動以外の教科外課程と比べ、特別活動はどのような特質を有しているといえるのだろうか。

小・中学校の教育課程は、左**図4-1**で示すように「各教科」「特別の教科 道徳」「外国語活動」「総合的な学習の時間」「特別活動」という教育領域で構成されている。中でも特別活動は、小学校・中学校・高等学校を通して置かれており、教科教育と同等に重要視されている教科外課程で

表4-1　各教科等の目標

国語	特別の教科 道徳	外国語活動	総合的な学習の時間
言葉による見方・考え方を働かせ、**言語活動を通して**、国語で正確に理解し適切に表現する資質・能力を次の通り育成することを目指す。 (1) 日常生活に必要な国語について、**その特質を理解**し適切に使うことができるようにする。 (2) 日常生活における人との関わりの中で**伝え合う力**を高め、思考力や想像力を養う。 (3) **言葉がもつよさ**を認識するとともに、言語感覚を養い、国語の大切さを自覚し、**国語を尊重して**その能力の向上を図る態度を養う。	第１章総則の第１の２の（2）に示す道徳教育の目標に基づき、よりよく生きるための基盤となる**道徳性**を養うため、**道徳的諸価値**についての理解を基に、自己を見つめ、物事を多面的・多角的に考え、自己の生き方についての考えを深める学習を通して、道徳的な判断力、心情、実践意欲と態度を育てる。 **第１章総則の第１の２の（2）** 道徳教育や体験活動、多様な表現や鑑賞の活動等を通して、**豊かな心**や**創造性**の涵養を目指した教育の充実に努めること。 ※なお総則ではさらに、「道徳教育は、教育基本法及び学校教育法に定められた教育の根本精神に基づき、自己の生き方を考え、主体的な判断の下に行動し、自立した人間として**他者とともによりよく生きる**ための基盤となる道徳性を養うことを目標とすること」が示されている。	**外国語によるコミュニケーション**における見方・考え方を働かせ、外国語による聞くこと、話すことの言語活動を通して、コミュニケーションを図る素地となる資質・能力を次のとおり育成することを目指す。 (1) 外国語を通して、言語や文化について体験的に理解を深め、日本語と外国語との音声の違い等に気付くとともに、**外国語の音声や基本的な表現**に慣れ親しむようにする。 (2) 身近で簡単な事柄について、**外国語で聞いたり話したり**して自分の考えや気持ちなどを伝え合う力の素地を養う。 (3) 外国語を通して、言語やその背景にある文化に対する理解を深め、相手に配慮しながら、主体的に**外国語を用いてコミュニケーションを図ろうとする態度**を養う。	**探究**的な見方・考え方を働かせ、**横断的・総合的な学習**を行うことを通して、よりよく課題を解決し、自己の生き方を考えていくための資質・能力を次のとおり育成することを目指す。 (1) 探究的な学習の過程において、課題の解決に必要な知識及び技能を身に付け、課題に関わる概念を形成し、**探究的な学習のよさ**を理解するようにする。 (2) 実社会や実生活の中から**問いを見いだし、自分で課題を立て、情報を集め、整理・分析して、まとめ・表現する**ことができるようにする。 (3) 探究的な学習に主体的・協働的に取り組むとともに、互いのよさを生かしながら、積極的に**社会に参画しようとする態度**を養う。

あるといえるだろう。2008（平成20）年告示の学習指導要領で示された特別活動の目標と比べると、その情報量が増大したことで、より具体的な目標設定がなされていることがその特徴の一つであることがわかる。中でも、「集団社会や社会の形成者として」という具体的な方向性を示しつつ、課題解決を通して求められる資質・能力を育成するという内容は、加筆事項として特徴的であろう。こうした変化は、必ずしも特別活動に限ってのことではなく、今次学習指導要領において新たに設置された冒頭部における文章や総則においても留意されていることからもわかるように、今日の社会的動向に対応する形で、特別活動における目標が再定位されていると考えられる。

それでは、特別活動の目標や内容は、道徳を含む教科課程や教科外課程である総合的な学習の時間などと比べ、一般的にどのような特質がみられるのだろうか。相原・新富は、その特質を実践的な集団活動を通してねらいを達成しようとする点、個々の子どもの自己実現をめざす活動である点、心身の調和のとれた発達を目指す総合的な活動である点、教師の創意・工夫が大いに発揮できる活動である点の４つに集約している[(1)]。

また、高旗・倉田は、上記４点の他に、「学校全体の日常的な教育活動の基盤ともいうべき部分を構成している」と指摘したうえで、比較的多人数による集団活動や異年齢によって構成される集団活動である点を挙げている[(2)]。

学級活動を通して児童・生徒が議論の仕方を習得したり、相手の話を聴く態

（1）相原次男・新富康央（2001）『個性をひらく特別活動』ミネルヴァ書房、pp.2-6。

（2）高旗正人・倉田侃司（1995）『特別活動 教職シリーズ⑦』ミネルヴァ書房、pp.66-72。

度を形成したりすることは、学習方略を身に付けることにつながる。加えて、合唱コンクール、運動会、展覧会などの学校行事（**文化的行事**）は、教科に関する知識と深く関わっているだけでなく、集団で活動に取り組むことで、個人の力では得られない、学力や学習意欲の盛り上がりを促すことも指摘されている。また、**クラブ活動**などは、児童・生徒が自身の嗜好や関心をより豊かなものにするものとして教科活動を認識する契機となる場合もある。このように特別活動は、教科指導の基底としてだけでなく、教科指導を発展させる機会としても位置づけられるのである。

それでは、道徳との関係についてはどうか。道徳の時間では、子どもたちが、それぞれの個性を生かしながら、道徳的価値に触れ、その大切さやすばらしさ、実現の難しさ、多様さなどを感じ、自分はどうすればよいのかを考えながら、状況に応じた適切な行動が取れるように指導することの重要性が指摘されている(3)。そのため特別活動では、心が動かされるような体験活動が展開されることが求められるだろう。総合的な学習の時間なども活用し、道徳の時間で道徳的価値の全般にわたっての指導を行いつつ、特別活動では、学級における望ましい集団活動を多様に組みながらそれぞれの学習を効果的に統合していくことが求められるだろう。

（3）相原次男・新富康央（2001）『個性をひらく特別活動』ミネルヴァ書房、pp.133-139。

2 特別活動における今後の課題

更なる充実が期待される特別活動の今後の課題として各活動・学校行事において身に付けるべき資質・能力の内実を明らかにすることや、**社会参画の意識**や**自治的能力**をこれまで以上に育んでいくことの重要性が指摘されている(4)。つまり特別活動が各教科等の学びの基盤となる側面からも、こうした視点を意識しながら特別活動の位置づけを明確にすること自体が今後の課題となっているといえる。ただし、2008年に告知された学習指導要領への改定時にも教育課程の弾力的運用にともない、教育課程間の垣根が低くなったことを受け、各教科、道徳、および当時新しく制度化された総合的な学習の時間などとの内容・方法・時間的な関連付けや融合をどのように図っていくのかが問題として指摘されていたのであり、こうした状況は今回の改訂に伴って生じた課題とは必ずしもいえず、特別活動の特質上の課題と言い換えることができるだろう。なお、改訂の基本的な方向性としては、指導上の留意点として「**人間関係形成**」「**社会参画**」「**自己実現**」の３点が引き続き重要とされていることにも留意されたい。

（4）文部科学省（2017）「小学校学習指導要領解説 特別活動編」

3 学習指導要領における標準授業時数

前項で確認した教育目標の違いから今次の学習指導要領ではそれぞれにどのような重みづけがなされているだろうか。**表4-2**をみると平成29年度版では、小学校５年と６年に教科としての**外国語**が追加され、それに伴って、３年と４

年に**外国語活動**の時間が新たに設けられているが、2018年の改訂では特別活動の時間数は特に変わっていないことがわかる。特別活動の授業時間数については、1998年版の実施において小学校４年から中学校３年にかけての授業時数が縮小されているが、それ以降の変化はない。この点に関わって、「学習指導要領第１章総則第２の３(2)のエ」では、「総合的な学習の時間における学習活動により、特別活動の学校行事に掲げる各行事の実施と同様の成果が期待できる場合においては、総合的な学習の時間における学習活動をもって相当する特別活動の学校行事に掲げる各行事の実施に替えることができる。」との規定が存在する。近年、特別活動の中でも特に学校行事に関する時数が教科の時数に圧迫される形で縮減される傾向にある。今後、特別活動をどのように位置付けていくことで、こうした現状を乗り越えることができるだろうか。

④ 次章に向けて

小学校における**クラブ活動**とは異なり、中学校および高等学校における**部活動**は、特別活動に含まれず、教育課程上の位置づけが不明確なままとなっている。この点については次章を参照されたい。

表4-2　新学習指導要領における授業時数

小学校（令和2年度以降）

	1	2	3	4	5	6	合計
国語	306 —	315 —	245 —	245 —	175 —	175 —	1461 —
社会	— —	— —	70 —	90 —	100 —	105 —	365 —
算数	136 —	175 —	175 —	175 —	175 —	175 —	1011 —
理科	—	—	90 —	105 —	105 —	105 —	405 —
生活	102 —	105 —	— —	— —	— —	— —	207 —
音楽	68 —	70 —	60 —	60 —	50 —	50 —	358 —
図画工作	68 —	70 —	60 —	60 —	50 —	50 —	358 —
家庭	— —	— —	— —	— —	60 —	55 —	115 —
体育	102 —	105 —	105 —	105 —	90 —	90 —	597 —
外国語	— —	— —	— —	— —	70 (+70)	70 (+70)	140 (+70)
特別の教科 道徳	34 —	35 —	35 —	35 —	35 —	35 —	209 —
外国語活動	— —	— —	35 (+35)	35 (+35)	— (−35)	— (−35)	70 —
総合的な 学習の時間	— —	— —	70 —	70 —	70 —	70 —	280 —
特別活動	34 —	35 —	35 —	35 —	35 —	35 —	209 —
合計	850 —	910 —	980 (+35)	1015 (+35)	1015 (+35)	1015 (+35)	5785 (+140)

中学校（令和3年度以降）

	1	2	3	合計
国語	140 —	140 —	105 —	385 —
社会	105 —	105 —	140 —	350 —
数学	140 —	105 —	140 —	385 —
理科	105 —	140 —	140 —	385 —
音楽	45 —	35 —	35 —	115 —
美術	45 —	35 —	35 —	115 —
保健体育	105 —	105 —	105 —	315 —
技術・家庭	70 —	70 —	35 —	175 —
外国語	140 —	140 —	140 —	420 —
特別の教科 道徳	35 —	35 —	35 —	105 —
総合的な 学習の時間	50 —	70 —	70 —	190 —
特別活動	35 —	35 —	35 —	105 —
合計	1015 —	1015 —	1015 —	3045 —

※1　括弧内は学習指導要領の改訂による授業時数の増減
※2　年間授業数は35週（小学1年は34週）
※3　小学校は、教科としての外国語を新たに設置

評価のポイント

・特別活動とその他の各教科等との相補関係を具体的な授業場面を例示しつつ説明することができる。

（木村栞太）

05 クラブ活動・部活動

章のポイント

小学校におけるクラブ活動は、教育課程内の学習活動であることを踏まえ、児童による自発的、自治的な活動が展開されるよう、他教科の指導と関連を図りながら活動計画を作成する必要がある。他方で、教育課程外に位置付く中学校・高等学校の部活動は、「勝利至上主義」の蔓延、オーバーワークによる生徒の心身の疲弊、顧問教員の指導負担、保護者の経済負担等が問題視されている。部活動の意義と特質、更には部活動を取り巻く今日的状況を踏まえ、生徒にとって望ましい人間関係づくりの機会をいかにして計画・支援していくのかについて考えたい。

1 小学校におけるクラブ活動

（1）クラブ活動の意義・目標と内容

現在、クラブ活動は第４学年以上を対象として行われており、教育課程内の活動として位置付くものである。クラブ活動の目標は、2017（平成29）年告示小学校学習指導要領に記されており、「**異年齢**の児童同士で協力し、共通の興味・関心を追求する集団活動の計画を立てて運営することに自主的、実践的に取り組むことを通して、個性の伸長を図りながら、第１の目標に掲げる資質・能力を育成することを目指す。」（小学校学習指導要領第６章の第２〔クラブ活動〕の１「目標」）とされている。クラブ活動の内容は表5-1に示している３点から構成される。

表5-1　2017（平成29）年告示小学校学習指導要領第６章の第２〔クラブ活動〕の１「内容」

内容	**（１）クラブの組織づくりとクラブ活動の計画や運営** 児童が活動計画を立て，役割を分担し，協力して運営に当たること。 **（２）クラブを楽しむ活動** 異なる学年の児童と協力し，創意工夫を生かしながら共通の興味・関心を追求すること。 **（３）クラブの成果の発表** 活動の成果について，クラブの成員の発意・発想を生かし，協力して全校の児童や地域の人々に発表すること。

内容の３点を具体化することを念頭に置きながら、クラブ活動の指導計画を考案していく必要がある。しかし、指導計画を考えていくにあたり、特別活動

参考文献
- 文部省（1947）『学習指導要領 一般編（試案）』。
- 文部省（1968）『小学校学習指導要領』。
- 文部省（1969）『中学校学習指導要領』。
- 文部省（1977）『中学校学習指導要領』。
- 文部省（1978）『高等学校学習指導要領』。
- 文部省（1989）『小学校学習指導要領』。
- 文部省（1989）『中学校学習指導要領』。
- 文部省（1989）『高等学校学習指導要領』。
- 文部省（1998）『小学校学習指導要領』。
- 文部省（1998）『中学校学習指導要領』。
- 文部省（1998）『高等学校学習指導要領』。
- 文部科学省（2007）『中学校学習指導要領』。
- 文部科学省（2008）『高等学校学習指導要領』。
- 文部科学省（2016）『小学校学習指導要領』。
- 文部科学省（2016）『中学校学習指導要領』。
- 文部科学省（2017）『【総則編】中学校学習指導要領（平成29年告示）解説』。

の時間数に目を向けなければならない。2002年の学校週５日制の導入により、小学校高学年（４年～６年）の特別活動の時間数が削減された。1989年（平成元年）は、70 時間確保されていたが、1998年（平成10年）には35時間に削減された。1998年改訂以降も、特別活動の時間数は35時間が維持されているものの、学級活動、児童会活動、学校行事を含んだ時間数である。そのため、自ずとクラブ活動に割り当てられる時間数は限られているのである。

表5-2　学校週５日制導入後（2002年度～）の特別活動（小学校）授業時数

	1年	2年	3年	4年	5年	6年
1989(平成元)年	34	35	35	70	70	70
1998(平成10)年	34	35	35	35	35	35
2008(平成20)年	34	35	35	35	35	35

(注) 学校教育法施行規則(《平成元年3月27日文部省令第4号》、《平成11年6月3日文部省令第30号》、《平成20年3月28日文部科学省令第5号》)別表第1を基に作成。
参考URLは下記の通りである(いずれも確認日：2022年9月30日)。
https://erid.nier.go.jp/files/COFS/h01e/index.htm　https://erid.nier.go.jp/files/COFS/h10e/index.htm
https://erid.nier.go.jp/files/COFS/h19e/index.htm

では、特別活動の授業時数が削減されてもなお、クラブ活動が継続して行われているのはなぜだろうか。以下では、学習指導要領上におけるクラブ活動のはじまりから現在にいたるまでの変遷、そして、部活動との関係性に焦点をあてる。

2 学習指導要領上におけるクラブ活動（部活動）の位置付けの変遷

1947（昭和22）年学習指導要領一般編（試案）において、選択教科目の１つとして「自由研究」が創設された。その際、現在のクラブ活動につながる「クラブ組織」に関しての記述がされている。「自由研究」は、教科外活動として位置付けられ、活動時間は授業以外の放課後とされていた。活動時間では、教科学習の時間では伸ばしきれなかった児童·生徒の個性を育むことが目指され、教科学習を発展させる自由な学習、当番や学級委員の仕事とともに、クラブ組織による活動が想定されていた[1]。

1958（昭和33）年小学校学習指導要領改訂時に、クラブ活動は大きな転換点を迎える。これまで試案であった学習指導要領が、教育課程の基準として法的拘束力を有するものに変化したのである。そのため、特別活動としてのクラブ活動の自主的な参加と、学習指導要領の法的拘束力が対立する構図となる。具体的に述べれば、クラブ活動が目標や内容、指導計画作成および指導上の留意事項が初めて示され、教育課程内に組み込まれたのである[2]。1958年の改訂において、「クラブは、主として中学年以上の同好の児童が組織し，共通の興味·関心を追求する活動を行う。」（第２ 内容　C クラブ活動）ことが明記され、「クラブ活動が教科の学習と深い関連をもつ場合が多いのであるが，単に教科の補習にならないように配慮する必要がある。」（第３ 指導計画作成および指導上

（1）櫻田裕美子（2017）「第７章クラブ（部）活動の特色」、山崎英則／南本長穂編著『新しい特別活動の指導原理』ミネルヴァ書房、pp.95-109。

（2）前掲書。

の留意事項）ことが強調されている。1968（昭和43）年改訂において、「クラブ活動には，毎週１単位時間を充てることが望ましいこと。」（第２ 内容《３》）とされ、翌年の1969（昭和44）年の中学校学習指導要領改訂では、「クラブ活動，学級会活動および学級指導（学校給食を除く。）のそれぞれに充てる授業時数は，学校や学級の実態を考慮して，適切に定めること。なお，この際，クラブ活動に充てる授業時数については，選択教科等に充てる授業時数の運用，１単位時間の定め方などによって，毎週，適切な時間を確保するように配慮すること。」（第３ 指導計画の作成と内容全体にわたる取り扱い《１》）とされた。

そして、1969年改訂で最も注目すべきは、「（前略）全生徒が文化的、体育的または生産的な活動を行なうこと。」（第２ 内容　A 生徒活動４《１》）が記述されている点である。「全生徒」という記述がなされることにより、クラブ活動が「必修」の活動として実施されていく（必修クラブ）。これによって、時間割外であり、教育課程外活動の選択クラブである「部活動」と、教育課程内のクラブ活動が明確に区別されたのである。特に、部活動に関しては、学校外・地域による指導への移行が進められ、クラブ活動との区別がより意識された[3]。

ところが、1977（昭和51）年及び1978（昭和52）年改訂時に、必修クラブと部活動を関連付けて実施する方針が示される。実際の現場では、クラブ活動と部活動の関係に境目がなく、さらには、必修クラブでは、全ての児童・生徒が参加できるだけの条件整備がなされていなかったのである[4]。

そして、1989（平成元）年改訂時においても大きな変化が生じる。特別活動における道徳教育の重視である。この改訂により、中学校および高等学校の学習指導要領において、部活動を必修にし、道徳教育を推進する学校が相次いだ[5]。「なお、部活動に参加する生徒については、当該部活動への参加によりクラブ活動を履修した場合と同様の成果があると認められるときは、部活動への参加をもってクラブ活動の一部又は全部の履修に替えることができる」（第３ 指導計画の作成と内容の取扱い）として、部活動代替措置が認められたのも大きな特徴である。この結果、自発的な意志で参加するものであった部活動に参加することが指導されたため、部活動への参加頻度が少ない「ユーレイ部員」、部活動に加入しないことを「帰宅部」と呼ぶ風潮が出てきた[6]。

そして、1998（平成10）年改訂時に、中学校・高等学校から必修クラブが削除され、クラブ活動は小学校のみの教育活動となった。

直近の2017（平成29）年告示小学校学習指導要領において、「クラブ活動の学習過程（例）」が盛り込まれている。これは、児童によるクラブ活動の設置や計画・運営方針の決定、そして「クラブを楽しむ活動」における学習過程も盛り込まれており、詳細なクラブ活動運営の考え方が示された。

他方で学習指導要領上の部活動の位置付けは、2008（平成20）年改訂で、部活動が教育課程の教育活動と関連づけて展開することが明記された。これは、教育課程に部活動が位置づくのではなく、学習指導要領に位置づくことで、学校の教育活動として認め、「課外活動として教員が指導すべき内容」として定

（３）神谷拓（2015）『運動部活動の教育学入門―歴史とのダイアローグ―』大修館書店。

（４）神谷前掲書。

（５）注４に同じ。

（６）矢野博之（2006）「第１節　部活動はどのような歴史をたどってきたのでしょうか？第１章　部活動をとりまく情勢」、西島央編『部活動その現状等これからのあり方』学事出版、pp.12-16。

義づけることを意味している[7]。部活動に関しては、2008年改訂時にはじめて、学習指導要領の総則で部活動について触れられたのである。

そして、2017（平成29）年告示の中学校学習指導要領で、部活動の位置づけの変化が見受けられる。それは、総則に「教育課程との関連を図られるように留意する」こと、「持続可能な運営体制が整えられる」（いずれも第5 学校運営上の留意事項1ウ）ことが、明記された点である。2017年7月に公表された『中学校学習指導要領解説』によれば、『教員勤務実態調査（平成28年度）』にて、土日の部活動における中学校教諭の活動時間が長時間勤務の要因として挙げられていたことに触れていた。これが、後に世論を巻き込んだ部活動論争に発展していくこととなる[8]。2017年12月には、中央教育審議会での答申を踏まえ、「学校における働き方改革に関する緊急対策」が文部科学大臣決定として通知されるなど、教職員の働き方の再考を促すまでに影響を及ぼす。特に運動部活動では、2018（平成30）年3月にスポーツ庁が「運動部活動の在り方に関する総合的なガイドライン」を公表するなど、今後の部活動の在り方や教育的意義について、活発に議論がなされている。

（7）神谷前掲書。

（8）例えば、内田（2017）をはじめとして、部活動指導による教員の勤務負担、過熱する活動に疲弊する生徒など、部活動を社会問題として捉える風潮が強まっている。
内田良（2017）『ブラック部活動—子どもと先生の苦しみに向き合う—』東洋館出版社。

3 部活動をめぐる今日的課題と議論—これからの部活動指導に向けて—

（1）教師と生徒をめぐる問題—活動時間・「専門外」指導—

部活動をめぐる課題と議論は、教員の勤務負担をはじめ、幾つか存在している。

2014年に『我が国の教員（前期中等教育段階）の現状と課題— 国際教員指導環境調査（TALIS）の結果概要—』が、公表された。そこで取り上げられたのが、1週間あたりの調査参加国教員の仕事時間の平均と日本の教員の仕事時間の平均である。日本の教員の仕事時間は、調査参加国の教員と比較して、15.6時間上回っている。とりわけ、「課外活動に使った時間」に目を向けると、参加国平均と比較して、日本の教員は1週間あたり5時間以上課外活動に時間が割かれていることが判明し、大きな議論を呼ぶこととなる。

表5-3 教員の仕事時間[9]

	仕事時間の合計	指導（授業）に使った時間	学校内外で個人で行う授業の計画や準備に使った時間	学校内での同僚との共同作業や話し合いに使った時間	生徒の課題の採点や添削に使った時間	生徒に対する教育相談に使った時間
日本	53.9時間	17.7時間	8.7時間	3.9時間	4.6時間	2.7時間
参加国平均	38.3時間	19.3時間	7.1時間	2.9時間	4.9時間	2.2時間

	学校運営業務への参画に使った時間	一般的事務業務に使った時間	保護者との連絡や連携に使った時間	課外活動に使った時間	その他の業務に使った時間
日本	3.0時間	5.5時間	1.3時間	7.7時間	2.9時間
参加国平均	1.6時間	2.9時間	1.6時間	2.1時間	2.0時間

（9）文部科学省（2014）『我が国の教員（前期中等教育段階）の現状と課題— 国際教員指導環境調査（TALIS）の結果概要—』より。

表5-4　運動部の活動日数（日本体育協会指導者育成専門委員会2014）[10]

	週1回	週2回	週3回	週4回	週5回	週6回	週7回
中学校（n=3958）	0.6%	1.6%	4.1%	22.5%	60.5%	10.2%	0.6%
高等学校（n=4394）	1.0%	3.2%	4.3%	15.1%	62.1%	13.5%	0.8%

また、日本の教員は課外活動に多くの時間を割いているため、十分な授業準備等の確保が難しいため、長時間にわたる勤務に繋がることが推察されている。特に運動部活動に関しては、表5-3に示すように、「部活動に従事する時間が長い顧問や活動頻度の多い顧問は教科指導、生徒指導、資質向上も従事する時間が短いことが示され」ている[11]。つまり、部活動の運営、指導をするにあたり、顧問教員と学校が議論を重ねて、部活動の活動を管理することが求められるのである。

そして、運動部活動顧問の半分以上は、担当している部活動の競技経験がないことが明らかにされている。競技経験の不足から留意すべきこととして、専門的な指導能力の不足、そして、**注意・安全配慮義務**の遵守が挙げられる。

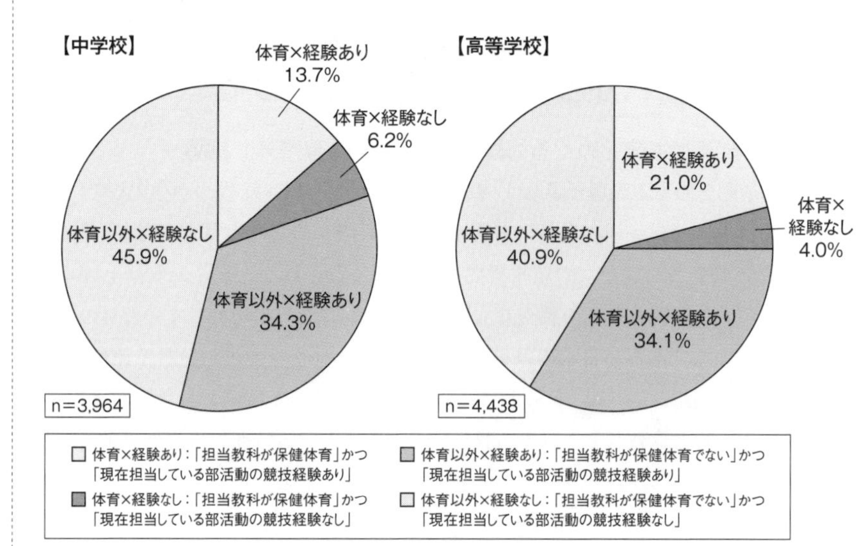

図5-1　担当教科×現在担当している競技の過去経験の有無[12]

そして、図5-1に示すように、中学校・高等学校の両方で、競技経験のない部活動を担当する教師が多いことが明らかにされている。そのため、公立中学校・高等学校の教員は、専門外の部活動顧問を担当することを念頭に置き、指導者講習会の参加など様々な機会を通して、指導力向上、部活動中の事故防止に努めることが求められる。部活動指導をめぐる問題が活発に議論される中、2017（平成29）年４月に、校長の監督を受け、部活動の技術指導や大会への引率等を行うことを職務とする**部活動指導員**が制度化された[13]。今後、顧問教

(10) 日本体育協会　指導者育成専門委員会（2014）『学校運動部活動指導者の実態に関する調査報告書』p.27.をもとに本章筆者が作成。
なお、この調査は全国の中学(10,579校)、全日制高等学校(4,858校）より、無作為抽出した中学校600校および高等学校400校の部活動指導者宛に送付・回収したデータを用いている。

(11) 小入羽秀敬（2011）「教員の業務負担と学校組織開発に関する分析―部活動に着目して―」『国立教育政策研究所紀要』第140集、pp.181-193。

(12) 注10に同じ。

(13) 部活動指導員に関する条文は、学校教育法施行規則（第78条の２）において、下記のように明記されている。
「部活動指導員は、中学校におけるスポーツ、文化、科学等に関する教育活動（中学校の教育課程として行われるものを除く。）に係る技術的な指導に従事する。」

(14) スポーツ庁（2017）『部活動指導員の制度化について』で、部活動指導員の職務として想定しているものには、「実技指導、安全・障害予防に関する知識・技能の指導、学校外での活動（大会・練習試合等）の引率、用具・施設の点検・管理、部活動の管理運営（会計管理等）、保護者等への連絡、年間・月間指導計画の作成、生徒指導に係る対応、事故が発生した場合の現場対応等」が示されている。
http://www.mext.go.jp/prev_sports/comp/b_menu/shingi/giji/__icsFiles/afieldfile/2017/10/30/1397204_006.pdf(確認日：2018年５月31日)。

論は日常的に指導内容や生徒の様子、事故が発生した場合の対応等を含めて、連携・協力しながら部活動指導員と指導にあたることが可能となっている[14]。

(2) 経済問題―費用負担、「特待生制度」「部活動留学」の存在―

「甲子園」が代表的であるように、硬式野球、サッカー、バレーボールといった運動部活動の試合中継がテレビで放映されている。高校野球に関しては、甲子園大会期間中はスポーツニュースにおいて、プロ野球と遜色ないレベルで報道される。報道は時として社会現象も作り出す一方で、部活動の試合から作られる社会現象は、指導の過熱化、勝利至上主義を増長させるとも指摘されている。そのため、部活動の活躍によって学校の名が広く知れ渡ることから、学校の「宣伝」として部活動の強化を図るケースも珍しくない。そこで、高校が部活動で活躍する有望な選手を獲得することに利用されている、特待生制度がある。この特待生制度は入学金や授業料の免除、部費・寮費の免除など様々な種類が存在している。2007年には、日本学生野球憲章（第13条１項）で禁止されている高校野球の特待生制度が問題になった。また、この特待生制度を利用している生徒の多くが、他の都道府県の高校に進学する「部活動留学」、越境入学をしていたため、議論の的となった[15]。

また、部活動に関わる経済問題については、保護者の部活動に関わる費用捻出の問題も存在している。そのため、部活動運営にあたっては、学校周辺地域の経済状況、各部員の家庭の経済状況に目を配るなどして、運営に注意を払う必要がある[16]。

(15) 高校野球におけるスカウティング、スポーツ推薦制度の問題点、部活動に関する経済事情に関する参考文献は、下記を一例として示す。
軍司貞則（2008）『高校野球「裏」ビジネス』筑摩書房。
手束仁（2012）『高校野球マネー事情』日刊スポーツ出版社。
黒井半太（2017）（仮名）「私立高校ブラック部活黒書―なぜ私学は「体育部推薦」制度をとるのか―」『季刊教育法』No.192、pp.40-43。

(16) スポーツ推薦制度の問題点、部活動における費用負担などの問題についての参考文献として、下記を一例として示す。
加藤玲（仮名）他（2017）「私たちも黙っていられない！吹奏楽部の実態」『季刊教育法』No.194、pp.48-61。

評価のポイント

・学習指導要領上におけるクラブ活動の成り立ちと意義について説明することができる。
・クラブ活動と部活動の意義の違いについて理解している。
・部活動指導において、注意・安全配慮義務を遵守することの重要性を理解している。
・部活動において、家庭・地域住民、関係機関との連携・協力をして、指導することの意義を理解している。
・部活動が教育活動であることを踏まえ、活動にかかる経済的負担にも配慮する必要性を理解している。

（小林昇光）

06 学級活動（1）学級づくり

章のポイント

学習指導要領において学級活動は3つの内容が位置付けられている。第6章から第8章では、それぞれの内容及び指導のポイントについて取り扱う。本章（第6章）ではまず、学級活動全体の目標をおさえた上で、学級活動(1)「学級や学校における生活づくりへの参画」の内容について理解する。さらに、学級活動(1)の実践として、「学級会」と「係活動」の指導上のポイントを確認する。また、学級活動の実践や学級づくりを支える教室環境づくりについても考える。また、演習課題では読者が過ごす大学・学部の課題・問題点を見出し、解決策を探るグループワークや模擬学級会に取り組む。

1 学級活動の目標

（1）（2）「小学校学習指導要領　第6章特別活動」(2017)、「中学校学習指導要領　第5章特別活動」(2017)、「高等学校学習指導要領　第5章特別活動」(2018)、をもとに作成。

学級活動の目標は表6-1に示す通り、各学校段階で共通している[(1)]。2017（平成29）年の学習指導要領改訂では、これまで「望ましい人間関係の形成」や「よりよい生活づくりへの参画」とされていた目標から、「合意形成」や「話合い」、「課題解決」、「意思決定」などの具体的な学習活動が明示されるようになった。

表6-1　学級活動の目標

	小学校	中学校	高等学校
目標	**学級（高：ホームルーム）や学校での生活をよりよくするため**の課題を見いだし、解決するために話し合い、合意形成し、役割を分担して協力して実践したり、学級（高：ホームルーム）での話し合いを生かして**自己の課題の解決**及び**将来の生き方**を描くために意思決定して実践したりすることに、自主的、実践的に取り組むことを通して、第1の目標に掲げる資質・能力を育成することを目指す。		

2 学級活動(1)の内容

本章では学級活動(1)の内容を取り上げる。学級活動(1)の内容は表6-2の通りである[(2)]。**学級会**（内容ア）や**係活動**（内容イ）、学校行事や生徒会活動に向けた学級での話合い(内容ウ)などが学級活動(1)の学習活動として実践される。

表6-2　学級活動(1)の内容

	小学校	中学校	高等学校
内容	(1) 学級や学校における**生活づくり**への参画 ア　学級や学校における生活上の諸問題の解決 イ　学級内の組織づくりや役割の自覚 ウ　学校における多様な集団の生活の向上	(1) 学級や学校における**生活づくり**への参画 ア　学級や学校における生活上の諸問題の解決 イ　学級内の組織づくりや役割の自覚 ウ　学校における多様な集団の生活の向上	(1) ホームルームや学校における**生活づくり**への参画 ア　ホームルームや学校における生活上の諸問題の解決 イ　ホームルーム内の組織づくりや役割の自覚 ウ　学校における多様な集団の生活の向上

③ 学級会

学級活動(1)内容アの実践例として小学校の学級会の学習指導案を紹介する(図6-1、6-2)。学級会を実践するにあたっては、学級全体で問題意識を共有・共感することのできる議題が選定されなければならない[(3)]。年度当初など、児童生徒から適切な議題が上がらない場合は、教師が議題例を提案したり、児童生徒に個別に働きかけたりするなどの指導が必要である。また、学級会の実施後には決定事項が学級全体で実行されているか、事後的・継続的にフォローをしなければならない。各学校段階において話合いの内容を発展させながら、児童生徒が自発的、自治的に学級づくりに参画できるよう実践していくことが求められるであろう[(4)]。

(3) 城戸茂・島田光美・美谷島正義・三好仁司編著 (2017)『平成29年改訂中学校教育課程実践講座 特別活動』ぎょうせい、pp.47-51.

(4) 有村久春編著 (2017)『平成29年改訂小学校教育課程実践講座 特別活動』ぎょうせい、pp.23-27.

学級活動指導案

平成29年12月８日(金) 第５校時
指導者 上野 陽子

１ 議題 世界に一つだけの３年１組カルタをつくろう

２ ねらい 友達や学級のよさに気づき、協力してできるカルタのテーマを、みんなで考えて決めることができる。

３ 児童の実態及び指導と課題について

(1) 児童の実態及び指導について

とても元気のよいクラスであり、クラスで取り組む学級イベントには大変意欲的な子ども達である。しかし、自分の考えを述べる場面では、積極的に言える子と言えない子に二極化している。そこで、学級会の中でグループでの話合い活動を取り入れることにより、自信を持って発表できるのではないかと考え、取り入れるようにした。また、学級会グッズを作成することにより、視覚的にも分かりやすい工夫をすることにした。

(2) 議題について

これまでにクラスで困っていることを議題にして、学級会を行い、様々な問題を解決してきた。３年生も終わりに差し掛かっていることから、クラスで困っていることを中心にした議題からみんなで思い出を作ることを中心にした議題を話合うことにした。そこで、〈友だちカルタ〉〈思い出カルタ〉〈学級カルタ〉の３つの視点から選ばれたカルタを作るための議題を話合うことで、更にクラスのめあて【１年間みんなで楽しく発表しファイトして流れ星のように友だちと早く仲良くなる３年１組】に近づけると考え、議題を設定した。

４ 評価基準

集団活動や生活への関心・意欲・態度	集団の一員としての思考・判断・実践	集団活動や生活についての知識・理解
意欲的に自分の意見を発表しようとしている。	提案理由をもとに自分の意見を考えている。	決まったことを実行することができる。

５ 事前の活動

日時	児童の活動	教師の指導・支援
12月４日(月)	どんなカルタがいいのかについてアンケートを取る。	アンケートを準備し、記入させる。
12月６日(水)	計画委員会で話合いの計画をつくる。	アンケートの集約から柱１では、【学級】【友だち】【思い出】の３つ、柱２では〈ルール〉〈カルタの名前〉〈札の裏に絵を描く〉の３つによる話合いの計画を立てさせる。

図6-1 小学校学級活動指導案 (1/2)

6　児童の活動計画　※（　）内の児童名は仮名

第10回学級会　活動計画		
議題	世界に一つだけの３年１組のカルタを作ろう	
役割	司会（田中）　副司会（鈴木）　黒板（佐藤）　ノート（後藤）　ボード（高田）	
提案理由（山下）	３年１組が友だちどうしで知り合って８か月がたち、楽しい行事をたくさんしました。【学級】【友だち】【思い出】の３つの中でどんなカルタづくりなら、いろんな人ともっと仲良くなれるのかについて、みんなで考えるとクラスのめあてに一歩でも近づけると考えました。また、この話合いをすることで、クラスが楽しく明るくなると考え、提案をしました。	
めあて	発表している人の話をしっかり聞き、自分の考えを１回は発表しよう。	
決まっていること	・カルタ大会は12月21日（木）第５校時	
話合いの順序	**気を付けること**	**じゅんび**
1　はじめのことば	・大きな声ではっきりと言う。	学級会グッズ
2　計画委員の紹介	・自分のめあてをきちんと伝える。	
3　議題の確認 提案理由	・議題をきちんと伝える。	学級会ノート
4　めあての確認	・みんなに分かるように伝える。	
5　先生の話		
6　話合い ①カルタの内容 ②楽しく遊ぶ工夫	・みんなが一人１回発表できるように当てる順番を考える。 ・時間を見ながら司会を進める。	学級会マニュアル
7　決定したことの確認	・大きな声ではっきりと言う。	
8　先生の話		
9　終わりのことば	・大きな声ではっきりと言う。時間があれば振り返りをする。	振り返りノート

7　教師の指導計画

話合いの順序	指導上の留意点	評価
1　はじめのことば	・計画委員が安心して進行できるように、近くで見守る。	
2　計画委員の紹介	・計画委員が活動しやすいような雰囲気を作る。	
3　議題の確認 提案理由	・意見を言いやすい環境作りのために、話の聞き方にも気を配る。 ・提案理由の思いや願いが、学級全員の思いとなるように話す。	
4　めあての確認	・一人一人の発言が大切であるということを再認識させる。	
5　先生の話	・励ましの言葉を中心に話す。	
6　話合い ①カルタの内容 ②楽しく遊ぶ工夫	・【出し合う】は前もって提示し、【比べ合う】を多く持つ。 ・話合いの①は〈友だちカルタ〉〈思い出カルタ〉〈学級カルタ〉の３つのうちから選ぶようにする。 ・話合いの②は〈ルール〉〈カルタの名前〉〈札の裏に絵を描く〉の３つのうちから選ぶようにする。	意欲的に自分の意見を発表しようとしている。（関・意・態） 提案理由をもとに自分の意見を考えている。（思・判・実）
7　決定したことの確認		
8　先生の話	・計画委員にねぎらいの言葉を述べ、提案理由を意識した発言や学級全体を考えた発言を賞賛し、今後の課題を伝える。	
9　終わりのことば		

8　事後の活動

日時	児童の活動	教師の指導・支援
12月11日（月）～15日（金）	決まったテーマのカルタを作る	カードを準備してカルタを作らせる
12月21日（木）	カルタ大会をする	カルタ大会をさせる。

図6-2　小学校学級活動指導案（2/2）

4 係活動

学級活動(1)内容イでは、係活動の実践が広く行われている。係活動には、学級を円滑に運営していくために必要に迫られて行う「**当番**」と、子どもたちが仕事を見出して自主的に行う「**係**」の2つに区別する考え方がある（図6-3）(5)。また、「当番」と「係」の例を表6-3に示す(6)。

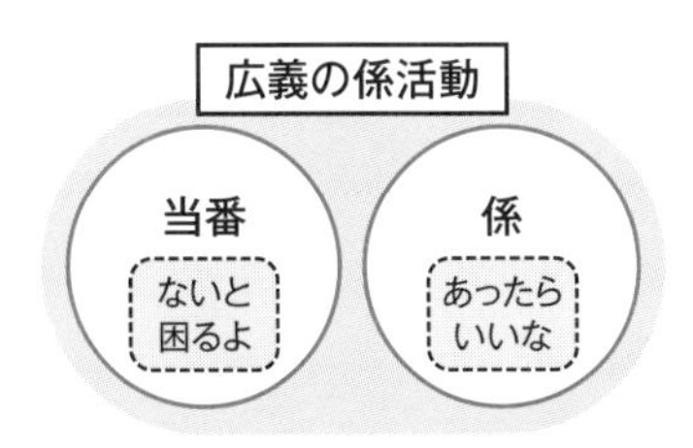

図6-3 「当番」と「係」

(5) 静岡教育サークル「シリウス」編著（2015）『係活動システム＆アイデア事典』明治図書、p.8.

(6) 大分県小学校特別活動研究会（2018）「見直してみよう！係活動」『特活研究誌2017』。

表6-3 「当番」と「係」の例

当番	音楽係	学習係	体育係	保健係	黒板係	計画係	配達係
当番	整頓係	手紙係	かぎ係	電気係	チェック係	生き物係	クリーン係
係	レクレーション係		クイズ係	占い係	デコレーション係		ギネス係
係	お笑い係	新聞係	サプライズ係	しんれい係	パーティ係	テスト作成係	○○Tube係
係	パフォーマンス係		表彰係	アンケート係	イラスト係	ダンス係	お悩み相談係

係活動を行う際は、教師が活動内容をすべて決めるのではなく、どのような係があれば「学級が仲良くなるか、便利になるか、楽しくなるか、自分の良さを生かせるか」（大分県小学校特別活動研究会 2018）などの視点から児童生徒に話し合わせることが大切である。また、係決めの際には、人気の係に希望者が集中して人数の偏りが生じたり、係の仕事内容ではなく友人関係を優先するなどの問題が生じたりするため、教師は事前に希望調査をとる、複数掛け持ちの容認、係の統合などの対応策を想定しておくことが必要である(7)。

(7) 大分県小学校特別活動研究会（2018）「見直してみよう！係活動」『特活研究誌2017』。

5 教室の環境づくり

「**教室環境**」を空間として捉えた場合の主要な要素を「教室レイアウト」、「座席配置」、「教室掲示と学習ツール」の3点で捉える考え方がある(8)。石川（2014）は、これらの例として、「教室レイアウト」の観点からは、パーテーションや書棚などで空間を仕切り、用途に応じて分割する工夫や、「座席配置」の観点からは、「スクール型」や「シアター型」、「アイランド型」、「コの字型（討論型）」など、学習活動の内容や児童生徒に合わせた工夫を紹介している。

次に、学級会を例にして、教室の環境づくりのポイントを次頁図6-4に示す(9)。図6-4では教室前方に掲示物のある教室環境を紹介しているが、近年、ADHDやLDなどの発達障害のある児童生徒への配慮から、教室前方には掲示物をできる限り配置しない学級も増えている。学級の児童生徒の実態を踏まえた上で、全員が安心して過ごせることを基調としながら、子どもたちの創意工夫を生かした教室環境づくりを心がけることが肝要である。

(8) 石川晋編（2014）『THE 教室環境』明治図書。

(9) 図表6-7は、杉田洋・鈴木栄子（2008）『教室環境づくり　早わかり』小学館.を参考に作成した。

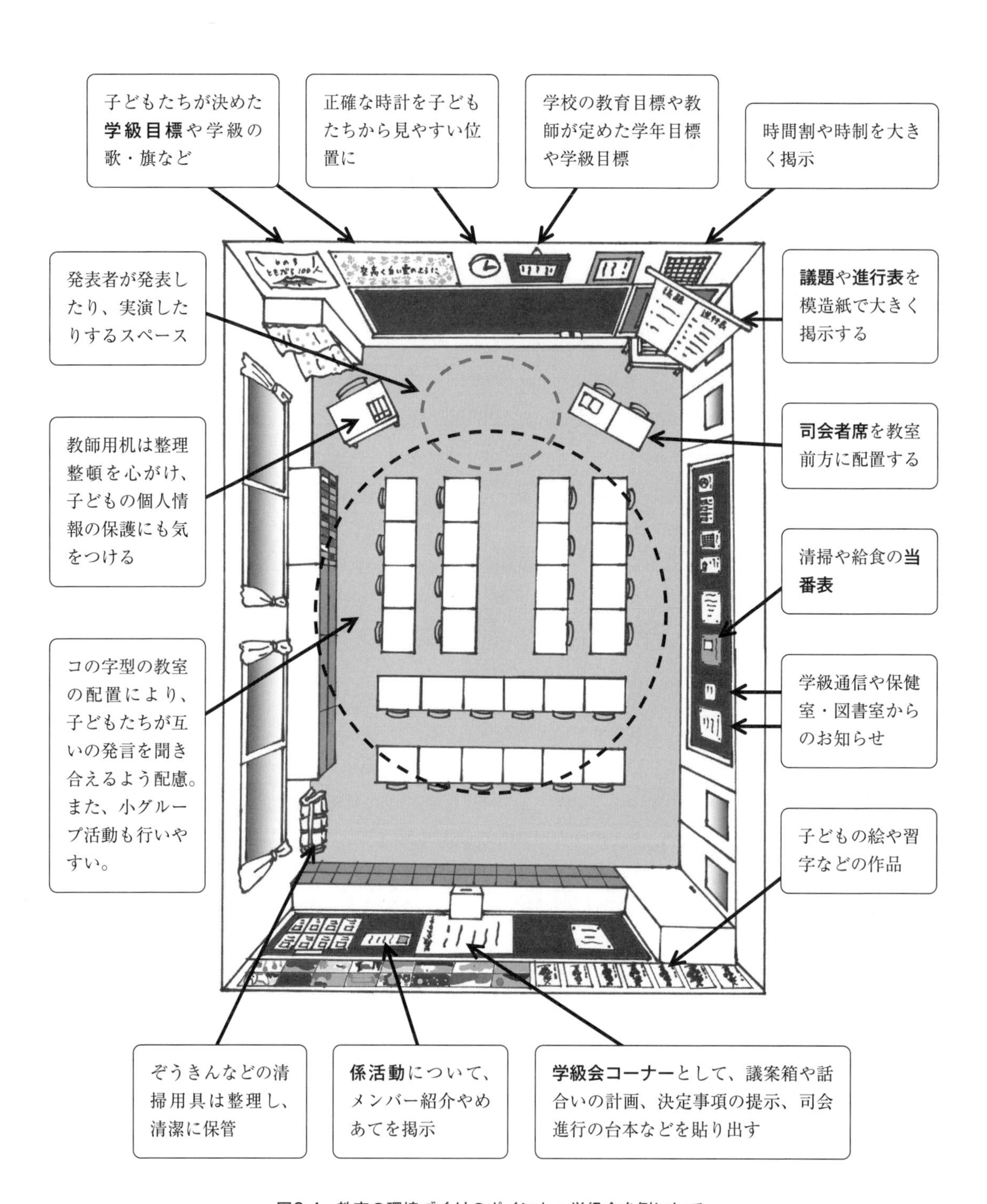

図6-4　教室の環境づくりのポイント：学級会を例にして

演 習

〈よりよい生活づくり〉

1　個人ワーク

あなたが感じている＿＿＿＿＿＿大学・学部の問題点について考えましょう。

2　グループワーク

①1で各自が考えた問題点をグループで共有します。

②次に、出てきた問題点の中から、特に緊急性・重要性の高いものを1つ選びます（「問題点」欄に記入）。

③最後に、グループで選んだ問題点の解決策を出し合い、取り組みやすさ、効果の高さの観点からまとめましょう（「解決策」欄に記入）。

3　学級会

司会者と書記を決め、学級会を開きましょう。

テーマは「今、取り組むべき＿＿＿＿＿＿大学・学部の問題点とその解決策」です。2で各グループが考えた問題点と解決策を発表し合い、その中から、＿＿＿＿＿＿大学・学部が取り組むべき問題点を1つ選び、学級全体で解決策を話し合いましょう。

【学級会の進め方】

1. はじめの言葉
2. 議題と進め方の確認
3. 話合い
4. 決定事項の確認
5. 終わりの言葉

評価のポイント

・学級活動の目標と学級活動(1)の内容を説明することができる。

・「学級会」の指導上のポイントを理解し、学習指導案を作成することができる。

・「係活動」の指導上のポイントを理解し、それぞれの学校段階に合わせた学級内の役割分担について構想することができる。

・教室の環境づくりのポイントを理解し、児童生徒に合わせて「教室レイアウト」や「座席配置」、「教室掲示と学習ツール」を工夫することができる。

（清水良彦）

07 学級活動（2）学級指導

章のポイント

学級活動（2）の内容は、学習指導要領改訂に伴い、変化している。学級活動（1）及び（3）との違いを理解し、教師が計画的に指導する必要がある。

学級活動（2）ではすべての子どもの共通課題として、個々の子どもが所属する集団や日常生活にどのように向き合うのか、加えて健康、安全、食などが取り上げられる。共通課題である一方、個々の子どもの実態から、個々の意思決定や振り返りを設定することも重要となる。

1 学級活動（2）とは

学級活動(2)は、学級活動(1)と異なり、取り上げる内容を教師が決定する。1989（平成元）年改定以降の学習指導要領では、「A学級活動」の(1)と(2)として位置づけられているが、1977（昭和52）年改訂の小学校学習指導要領では、それぞれ「A児童活動(1)学級会活動」、「C学級指導」として位置づけられていた経緯がある。

学級指導としての意味を引き継ぐ、学級活動(2)において、教師は意図的・計画的な授業の設定を工夫する必要がある。また、子どもが自己決定に基づき、解決方法などを話し合う活動を通して、よりよい自分へと成長しようとするものである。すなわち、自己指導能力を育てる、自己決定による話し合い活動を中核にした自主的な活動であり、子どもたちに**自己決定**したことを集団の中で生かす能力を養えるように心掛けることが求められる[1]。

参考文献
- 文部科学省（2017（平成29））『中学校学習指導要領』.
- 文部省（1977（昭和52））『小学校学習指導要領』.
- 文部省（1989（平成元））『小学校学習指導要領』.

（1）杉田洋（2009）『よりよい人間関係を築く特別活動』図書文化.

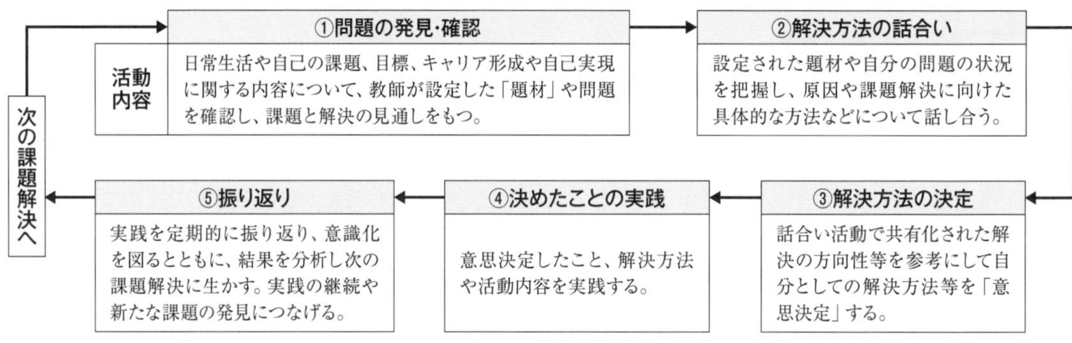

図7-1　学級活動（2）（3）における学習過程（例）

② 学習指導要領での位置づけ

2017･2018（平成29･30）年の学習指導要領改訂では、学級活動(2)において、子ども一人一人の意思決定がより重要視されている。

図7-1に示すように、『学習指導要領解説編　特別活動編』には学習過程の例が提示されている。

・文部科学省(2008(平成20))『小学校学習指導要領』.
・文部科学省(2017(平成29))『小学校学習指導要領』.
・文部科学省(2008(平成20))『中学校学習指導要領』.
・文部科学省(2009(平成21))『高等校学習指導要領』.
・文部科学省(2018(平成30))『高等校学習指導要領』.

表7-1　小学校・中学校・高等学校学習指導要領の変化

	2008・2009（平成20・21）年	2017・2018（平成29・30）年
小学校	(2) 日常の生活や学習への適応及び健康安全 ア　希望や目標をもって生きる態度の形成 イ　基本的な生活習慣の形成 ウ　望ましい人間関係の形成 エ　清掃などの当番活動等の役割と働くことの意義の理解 オ　学校図書館の利用 カ　心身ともに健康で安全な生活態度の形成 キ　食育の観点を踏まえた学校給食と望ましい食習慣の形成	(2)　日常の生活や学習への適応と自己の成長及び健康安全 ア　基本的な生活習慣の形成 身の回りの整理や挨拶などの基本的な生活習慣を身に付け、節度ある生活にすること。 イ　よりよい人間関係の形成 学級や学校の生活において互いのよさを見付け、違いを尊重し合い、仲良くしたり信頼し合ったりして生活すること。 ウ　心身ともに健康で安全な生活態度の形成 現在及び生涯にわたって心身の健康を保持増進することや、事件や事故、災害等から身を守り安全に行動すること。 エ　食育の観点を踏まえた学校給食と望ましい食習慣の形成 給食の時間を中心としながら、健康によい食事のとり方など、望ましい食習慣の形成を図るとともに、食事を通して人間関係をよりよくすること。
中学校	(2)　個人及び社会の一員としての在り方、健康や安全に関すること。 ア　青年期の不安や悩みとその解決、自己及び他者の個性の理解と尊重、社会の一員としての自覚と責任、男女相互の理解と協力、望ましい人間関係の確立、ボランティア活動の意義の理解など イ　心身ともに健康で安全な生活態度や習慣の形成、性的な発達への適応、学校給食と望ましい食習慣の形成など	(2) 適応と成長及び健康安全 ア　思春期の不安や悩みとその解決 イ　自己及び他者の個性の理解と尊重 ウ　社会の一員としての自覚と責任 エ　男女相互の理解と協力 オ　望ましい人間関係の確立 カ　ボランティア活動の意義の理解と参加 キ　心身ともに健康で安全な生活態度や習慣の形成 ク　性的な発達への適応 ケ　食育の観点を踏まえた学校給食と望ましい食習慣の形成
高等学校（ホームルーム活動）	(2)　適応と成長及び健康安全 ア　青年期の悩みや課題とその解決 イ　自己及び他者の個性の理解と尊重 ウ　社会生活における役割の自覚と自己責任 エ　男女相互の理解と協力 オ　コミュニケーション能力の育成と人間関係の確立 カ　ボランティア活動の意義の理解と参画 キ　国際理解と国際交流 ク　心身の健康と健全な生活態度や規律ある習慣の確立 ケ　生命の尊重と安全な生活態度や規律ある習慣の確立	(2)　日常の生活や学習への適応と自己の成長及び健康安全 ア　自他の個性の理解と尊重、よりよい人間関係の形成　自他の個性を理解して尊重し、互いのよさや可能性を発揮し、コミュニケーションを図りながらよりよい集団生活をつくること。 イ　男女相互の理解と協力　男女相互について理解するとともに、共に協力し尊重し合い、充実した生活づくりに参画すること。 ウ　国際理解と国際交流の推進　我が国と他国の文化や生活習慣などについて理解し、よりよい交流の在り方を考えるなど、共に尊重し合い、主体的に国際社会に生きる日本人としての在り方生き方を探求しようとすること。 エ　青年期の悩みや課題とその解決　心や体に関する正しい理解を基に、適切な行動をとり、悩みや不安に向き合い乗り越えようとすること。 オ　生命の尊重と心身ともに健康で安全な生活態度や規律ある習慣の確立　節度ある健全な生活を送るなど現在及び生涯にわたって心身の健康を保持増進することや、事件や事故、災害等から身を守り安全に行動すること。

3 望ましい集団とは

―いじめの四層構造論について―

「いじめ」を説明する代表的な理論として、「**四層構造論**」(森田)[2]がある。「いじめっ子」、「いじめられっ子」だけでなく、周りで面白がったり見ていたり、はやし立てる「観衆」、および見て見ぬふりをしたりしている「傍観者」の四者の相互作用によるものと解釈している。学級集団において、「四層構造論」に着目した「いじめ」の研究では、「いじめ」の発生が「傍観者」の存在によって影響されていることが明らかにされている。一方、現代社会における自己への関心の高まり、過剰消費社会の影響といった「私事化」や「個人化」の流れでは、「傍観者」という存在の増加が懸念されており、「いじめ」問題について地域社会と教育現場に、より実質的な対応と協力が求められている。

(2) 森田洋司 (1985)「学級集団における「いじめ」の構造」『ジュリスト』No.836、有斐閣、pp.29-35.

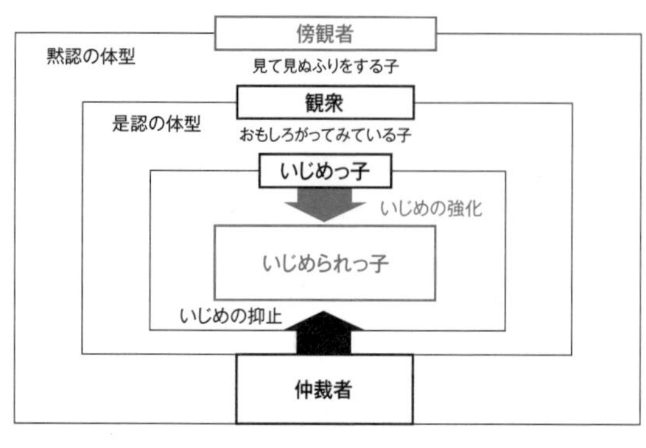

図7-2 いじめの構造

―アサーション―

適切な自己表現は**アサーティブな自己表現**、アサーションと呼ばれる。自分も相手も大切にしようとする自己表現で、自分の意見、考え、気持ちを正直に、素直に、その場にふさわしい方法で行ってみようとすることである (平木)[3]。

(3) 平木典子 (2000)『自己カウンセリングとアサーションのすすめ』金子書房.

このような場面ではどのような表現がアサーションだろうか？

友人に授業のノートを貸してほしいと言われました。しかし、午後から、小テストがあるためあなたは、ノートを使って勉強したいと思っています。どのように対応しますか。

○非主張的………困っている友人の頼みを断れない。
○攻撃的…………小テスト前に頼ってくる非常識な友人を責める。
○アサーティブ…今は、勉強のため難しいが、もう少し、早目に相談してくれたら貸すことができたことを伝える。

平木(1993)[4]をもとに作成

(4) 平木典子 (1993)『アサーション・トレーニング―さわやかな〈自己表現〉のために』金子書房.

―ピア・サポート―

学生たちの対人関係能力や自己表現能力等、社会に生きる力がきわめて不足している状況を改善するための学校教育活動の一環として、教職員の指導・援助のもとに、学生たちが相互の人間関係を豊かにするための学習の場を各学校の状況に応じて設定し、そこで得た知識やスキル (技術) をもとに、仲間を思いやり、支える活動 (日本ピア・サポート学会定義)[5]である。

(5) 日本ピア・サポート学会ホームページ http://www.peers.jp/idea.html (最終アクセス2022年9月18日).

―構成的グループ・エンカウンター (Structured Group Encounter:SGE)―

グループを先導する役割のファシリテーターが存在し、その指導のもとに参加者が交流を促進させるための課題 (エクササイズ) をこなし、振り返り (シェアリング) を行う。グループ・アプローチの方法の1つである (水野)[6]。

(6) 水野邦夫 (2014)「構成的グループ・エンカウンターにおける感情体験が人間的成長に及ぼす影響：継続・研修型 の問題点に対する改善のための提言を含めて」『帝塚山大学心理学部紀要』第3号、pp.57-66.

④ 学級活動(2)の事例

—食育について—

食育については、学級での指導を行う学級担任と栄養教諭が連携して行う必要がある。栄養教諭は、チーム学校の一員としてもその活躍が期待される。

学校給食に関する指導内容は、学級活動(2)に位置付けられているが、給食の時間における指導は特別活動の標準授業時数には含まれない。しかしながら、学習指導要領では、学級活動(2)に示されていることから、学級担任などにより、全ての学校において指導しなければならない。学級担任等が食に関する指導を行う際は、栄養教諭と連携し、例えば、各教室等でのティームティーチングによる指導や事前の資料提供の依頼などにより、指導の充実を図ることができる。

参考文献
・中央教育審議会答申「チームとしての学校の在り方と今後の改善方策について」(2015(平成27)年12月21日).
・文部科学省（2017（平成29)年３月)「栄養教諭を中核としたこれからの学校の食育～チーム学校で取り組む食育推進のPDCA～」.

（７）文部科学省（2019（平成31）年３月)「食に関する指導の手引－第二次改訂版－」.

表7-2　食に関する指導の目標

（知識・技能）食事の重要性や栄養バランス、食文化等についての理解を図り、健康で健全な食生活に関する知識や技能を身に付けるようにする。
（思考力・判断力・表現力等）食生活や食の選択について、正しい知識・情報に基づき、自ら管理したり判断したりできる能力を養う。
（学びに向かう力・人間性等）主体的に、自他の健康な食生活を実現しようとし、食や食文化、食料の生産等に関わる人々に対して感謝する心を育み、食事のマナーや食事を通じた人間関係形成能力を養う。

「食に関する指導の手引き―第二次改訂版―」[7] より

表7-3　学校での食育に関わる出来事

年	出来事
1958(昭和33)年	学校給食の指導が学校行事等の内容に位置付け
1968(昭和43)年	学校給食の指導が小学校では特別活動 学級指導に位置付け
1989(平成元)年	学級会活動と学級指導の統合により、学級活動(2)に位置付け
1998(平成10)年	学級活動(2)(カ)「学校給食と望ましい食習慣の形成」と位置付け
2005(平成17)年	栄養教諭制度導入 食育基本法制定
2006(平成18)年	食育基本計画の策定
2008(平成20)年	学習指導要領総則への「学校における食育の推進」位置づけ
2019(平成31)年	「食に関する指導の手引き」に食に関する指導の目標と食育の視点明示

—情報モラル教育について—

SNSの普及によりインターネット上でのトラブルも増加している。情報モラル教育の一環として、学級活動(2)においても「ネット依存が及ぼす影響を考えよう」[8]など、自己とインターネットやSNSなどとの付き合い方を考える活動が実践されている。

（８）文部科学省（2014（平成26))「実践研究　学校における情報モラル教育」『中等教育資料』No.942、pp.32-37.

評価のポイント

・学習指導要領における学級活動(2)の内容を理解することができる。
・学級活動(2)においては、個々の意思決定を重要視するため、意思決定後の取り組みも評価する必要があることを理解する。
・児童・生徒や学校、地域の実態に即して、学級活動(2)で取り上げるべき内容や活動を選択することができる。

（兼安章子）

学級活動(3) キャリア形成と自己実現

章のポイント

変化の激しい現代社会において、「現在の学習」と「将来の社会・職業生活」とのつながりの理解を促すキャリア教育は、児童生徒が自己実現を図るうえで重要である。このキャリア教育は学校教育全体を通して行われるが、その中でも特別活動はその要となるものであり、学級活動/ホームルーム活動(3)はその中心的役割を担う。

学級活動/ホームルーム活動(3)では、児童生徒に共通した課題を教師が取り上げ、意図的・計画的に指導し、話し合い等を通して考えを深め、実践につなげることが求められる。また、小学校・中学校・高等学校のつながりが明確になるよう留意しなければならない。

1 学習指導要領の改訂とキャリア教育

学級活動/ホームルーム活動(3)は、2008・2009(平成20・21)年版学習指導要領では「学業と進路」として、中学校·高等学校において設定されていた[1]。しかし、変化の激しい現代社会では、子ども自らが将来を切り拓き、自己の在り方生き方を考える**キャリア教育**の推進が求められていることから、2017・2018(平成29・30)年版学習指導要領では、小学校・中学校・高等学校を通じて「一人一人の**キャリア形成と自己実現**」を掲げる改訂がなされた(**表8-1**)。

(1) ただし小学校においても、学級活動(2)において「学業と進路」に該当する項目が設定されている。(日本特別活動学会監修(2010)『新訂キーワードで拓く新しい特別活動』東洋館出版社、p.73)

表8-1 「学級活動(3)一人一人のキャリア形成と自己実現」の内容比較

	小学校	中学校	高等学校
内容	ア 現在や将来に希望や目標をもって生きる意欲や態度の形成 イ 社会参画意識の醸成や働くことの意義の理解 ウ 主体的な学習態度の形成と学校図書館等の活用	ア 社会生活、職業生活との接続を踏まえた主体的な学習態度の形成と学校図書館等の活用 イ 社会参画意識の醸成や勤労観・職業観の形成 ウ 主体的な進路の選択と将来設計	ア 学校生活と社会的・職業的自立の意義の理解 イ 主体的な学習態度の確立と学校図書館等の活用 ウ 社会参画意識の醸成や勤労観・職業観の形成

	特別支援学校
内容	小学部又は中学部の特別活動の目標、各活動·学校行事の目標及び内容並びに指導計画の作成と内容の取扱いについては、それぞれ小学校学習指導要領第6章又は中学校学習指導要領第5章に示すものに準ずるほか、次に示すところによるものとする。 2. 児童又は生徒の経験を広めて積極的な態度を養い、社会性や豊かな人間性を育むために、集団活動を通して小学校の児童又は中学校の生徒などと交流及び共同学習を行ったり、地域の人々などと活動を共にしたりする機会を積極的に設ける必要があること。その際、児童又は生徒の障害の状態や特性等を考慮して、活動の種類や時期、実施方法等を適切に定めること。(抜粋)

「小学校学習指導要領 第6章特別活動」(2017(平成29)年)、「中学校学習指導要領 第5章特別活動」(2017(平成29)年)、「高等学校学習指導要領 第5章特別活動」(2018(平成30)年)「特別支援学校小学部·中学部学習指導要領 第6章特別活動」(2017(平成29)年)をもとに作成

2 定義と具体的活動例

学校教育は児童生徒の自己実現を目指し行われる。自己実現とは、「単に自分の欲求や要求を実現することにとどまらず、集団や社会の一員として認められていくことを前提とした概念」[(2)]であり、その基礎にあるものは、日常の学校生活における様々な**自己選択**や**自己決定**である。ただし、自己決定や自己選択がそのまま自己実現を意味するのではなく、選択や決定の際によく考えることや、その結果が不本意なものになっても真摯に受け止めること、自らの選択や決定に従って努力することなどを通して、将来における自己実現を可能にする力がはぐくまれていく。また、そうした選択や決定の結果が周りの人や物に及ぼす影響や、周囲からの反応などを考慮しようとする姿勢も大切である。

上述のような児童生徒の自己実現を目指し、キャリア教育は行われる。キャリア教育とは、「一人一人の**社会的・職業的自立**に向け、必要な基盤となる能力や態度を育てることを通して、キャリア発達を促す教育」[(3)]である。「**キャリア**」とは、「人が、生涯の中で様々な役割を果たす過程で、**自らの役割の価値**や**自分と役割との関係**を見いだしていく連なりや積み重ね」[(3)]であり、また「**キャリア発達**」とは、「社会の中で自分の役割を果たしながら、自分らしい生き方を実現していく過程」[(3)]を指す。**表8-2**にキャリア教育の具体的活動例を示す。

(2) 文部科学省『生徒指導提要』2010(平成22)年3月、p.1

(3) 中央教育審議会「今後の学校におけるキャリア教育・職業教育の在り方について(答申)」2011(平成23)年1月31日、p.17

表8-2 キャリア教育の具体的活動例

小学校	中学校・高等学校
・日常生活での不安や悩みの解決に向けた個人の目標の設定 ・願いや思いを盛り込んだ学級目標の設定、実現を目指した活動 ・清掃、給食、日直、当番活動、係活動、ボランティア活動 ・学習の見通しを立て、振り返る活動 ・学校図書館等の日々の学習での効果的な活用 など	・「充実した人生と学習」等の題材について、周囲の体験談を取り入れながら考えをまとめ、発表し、話しあう ・「学習意欲と学習習慣」等の題材について話し合い、学習過程を振り返る ・学びの過程を振り返るポートフォリオの作成と活用 ・学校図書館等を活用した学習の振り返り、自主的な学習、進路選択に関する情報収集 ・「職業と仕事」等の題材についての調査やディベート ・職場体験、就業体験等の事前事後指導における活動 ・志望校・希望職業の選択、調査 ・ライフプランの作成 など
特別支援学校	
・職業あてクイズ、職業かるた、社会見学 ・就業体験、職場訪問、作業学習、地域福祉施設訪問 ・通勤、買い物、公共交通機関の利用法 ・コミュニケーション、一般常識、資格取得 ・金銭管理、健康管理 など	

「小学校学習指導要領解説 特別活動編」(2017(平成29)年)、「中学校学習指導要領解説 特別活動編」(2017(平成29)年)、「高等学校学習指導要領解説 特別活動編」(2018(平成30)年)、国立特別支援教育総合研究所「障害のある子供への進路指導・職業教育の充実に関する研究」(2010(平成22)年)をもとに作成。

3 キャリア教育導入に至る変遷

キャリア教育の発想は、職業教育からの転換を図った1970年代アメリカの**キャリア・エデュケーション運動**にみることができる[(4)]。その後、1990年代の日本においても、先に述べたキャリア概念やキャリア教育の重要性が認識されるようになり、1999年の中教審答申において「キャリア教育」の文言がはじめてとりあげられた(**表8-3**)。

(4) 児美川孝一郎「日本における「キャリア教育」の登場と展開－高校教育改革へのインパクトをめぐって－」法政大学キャリアデザイン学会『生涯学習とキャリアデザイン』1、2004年、pp.21-38

表8-3　キャリア教育導入に至る変遷の概要

年	内容
1970年代	アメリカ「キャリア・エデュケーション」運動の展開
1999年	中教審答申「初等中等教育と高等教育との接続の改善について」
2002年	国立教育政策研究所「児童生徒の職業観・勤労観を育む教育の推進について（調査研究報告）」
2003年	「若者自立・挑戦プラン」
2004年	「キャリア教育の推進に関する総合的調査研究協力者会議報告書」
2006年	「若者の自立・挑戦のためのアクションプラン（改訂）」
	教育基本法改正
2007年	学校教育法改正
2008・2009年	学習指導要領改訂

児美川（2004）及び文部科学省『小学校キャリア教育の手引き<改訂版>』（2011（平成23）年、pp.3-5）をもとに作成。

④ 「４領域８能力」と「基礎的・汎用的能力」

2011年の中教審答申[5]で「**基礎的・汎用的能力**」が提示されるまで、「**４領域８能力**」と呼びならわされる「キャリア発達に関わる諸能力（例）」が広く知られていた。「４領域８能力」は、もともと「職業観・勤労観を育む学習プログラムの枠組み開発」の中で、一つのモデル例として提示された。それが、キャリア教育を推進する際の参考例として取り上げられたことで、広く知られるようになった[6]。

「４領域８能力」はあくまでも「例」であり、**各学校・学科等の特色や生徒の実態等に応じた柔軟な活用**を前提としていた。ところが、多くの学校では、学校や地域の特色や生徒の実態等を必ずしも前提としない、固定的・画一的な運用が目立つようになった。また、**生涯にわたってキャリア発達を支援していく**という視点が十分ではなく、高等学校段階までの提示にとどまっている能力等の名称（「○○能力」というラベル）の語感や印象に依拠した実践が散見されるなど、様々な課題が生じた[6]。

このような課題を克服するため、中央教育審議会は「４領域８能力」を主軸に、内閣府の「人間力」、厚生労働省の「就職基礎能力」、経済産業省の「社会人基礎力」などの能力論を参考にしながら、「基礎的・汎用的能力」を提唱したとされている（**図8-1**）[7]。

（5）中央教育審議会「今後の学校におけるキャリア教育・職業教育の在り方について（答申）」2011（平成23）年

（6）国立教育政策研究所生徒指導研究センター「キャリア発達にかかわる諸能力の育成に関する調査研究報告書」2011（平成23）年

（7）文部科学省「小学校キャリア教育の手引き（改訂版）」2011（平成23）年

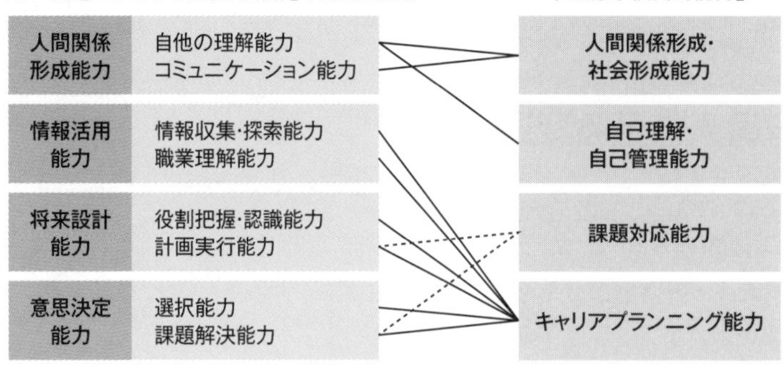

※図中の破線は両者の関係性が相対的に見て弱いことを示している。「計画実行能力」「課題解決能力」という「ラベル」からは「課題対応能力」と密接なつながりが連想されるが、能力の説明等までを視野におさめた場合、「4領域8能力」では、「基礎的・汎用的能力」における「課題対応能力」に相当する能力について、必ずしも全面に出されてはいなかったことが分かる。

図8-1　「4領域8能力」と「基礎的・汎用的能力」の関係図

上述した「基礎的・汎用的能力」は、小・中・高等学校の**教育活動全体**を通じて育むことが企図されており、特に学級活動/ホームルーム活動(3)に期待される役割は大きい。「基礎的・汎用的能力」は**表8-4**の4つの能力で構成されており、その関係性等については下記のように述べられている[8]。

> ・これらの能力は、包括的な能力概念であり、必要な要素をできる限り分かりやすく提示するという観点でまとめたものである。この4つの能力は、それぞれが独立したものではなく、相互に関連・依存した関係にある。このため、特に順序があるものではなく、また、これらの能力をすべての者が同じ程度あるいは均一に身に付けることを求めるものではない。
> ・これらの能力をどのようなまとまりで、どの程度身に付けさせるのかは、学校や地域の特色、専攻分野の特性や子ども・若者の発達の段階によって異なると考えられる。各学校においては、この4つの能力を参考にしつつ、それぞれの課題を踏まえて具体の能力を設定し、工夫された教育を通じて達成することが望まれる。

また、上記答申で述べられているように、キャリア教育を行う上では子どもの発達段階や発達課題を踏まえ、小・中・高等学校のつながり[9]も念頭に置いたうえでキャリア教育にあたることが求められる（**表8-5**）。

(8) 中央教育審議会「今後の学校におけるキャリア教育・職業教育の在り方について（答申）」2011（平成23）年

(9) 小学校・中学校・高等学校におけるキャリア発達段階については、文部科学省『小学校キャリア教育の手引き〈改訂版〉』2011（平成23）年、p.19に記載がある。

表8-4　キャリア教育で育成すべき四つの力「基礎的・汎用的能力」

人間関係形成・社会形成能力	自己理解・自己管理能力	課題対応能力	キャリアプランニング能力
多様な他者の考えや立場を理解し、相手の意見を聴いて自分の考えを正確に伝えることができるとともに、自分の置かれている状況を受け止め、役割を果たしつつ他者と協力・協働して社会に参画し、今後の社会を積極的に形成することができる力	自分が「できること」「意義を感じること」「したいこと」について、社会との相互関係を保ちつつ、今後の自分自身の可能性を含めた肯定的な理解に基づき主体的に行動すると同時に、自らの思考や感情を律し、かつ、今後の成長のために進んで学ぼうとする力	仕事をする上での様々な課題を発見・分析し、適切な計画を立ててその課題を処理し、解決することができる力	「働くこと」の意義を理解し、自らが果たすべき様々な立場や役割との関連を踏まえて「働くこと」を位置付け、多様な生き方に関する様々な情報を適切に取捨選択・活用しながら、自ら主体的に判断してキャリアを形成していく力
(例) 特別活動（ホームルーム活動）の指導内容			
・ホームルーム内の組織づくりと自主的な活動 ・男女相互の理解と協力 ・コミュニケーション能力の育成と人間関係の確立	・青年期の悩みや課題とその解決 ・社会生活における役割の自覚と自己責任 ・心身の健康と健全な生活態度や規律ある習慣の確立	・ホームルームや学校における生活上の諸課題の解決 ・学校における多様な集団の生活の向上 ・進路適性の理解と進路情報の活用	・ボランティア活動の意義の理解と参画 ・学ぶことと働くことの意義の理解 ・主体的な学習態度の確立と学校図書館の利用 ・主体的な進路の選択決定と将来設計

文部科学省『高等学校キャリア教育の手引き』2012（平成24）年、pp.21-22、p.231

表8-5　小・中・高・特別支援学校（知的障害のある児童生徒）段階のキャリア発達課題

小学校低学年	小学校中学年	小学校高学年
①小学校生活に適応する。 ②身の回りの事象への関心を高める。 ③自分の好きなことを見つけて、のびのびと活動する。	①友達と協力して活動する中でかかわりを深める。 ②自分の持ち味を発揮し、役割を自覚する。	①自分の役割や責任を果たし、役立つ喜びを体得する。 ②集団の中で自己を生かす。
中学1年生	**中学2年生**	**中学3年生**
・自己の良さや個性が分かる。 ・自己と他者の違いに気付き、尊重しようとする。 ・集団の一員としての役割を理解し果たそうとする。 ・将来に対する漠然とした夢やあこがれを抱く。	・自分の言動が他者に及ぼす影響について理解する。 ・社会の一員としての自覚が芽生えるとともに社会や大人を客観的にとらえる。 ・将来への夢を達成する上での現実の問題に直面し、模索する。	・自己と他者の個性を尊重し、人間関係を円滑に進める。 ・社会の一員としての参加には義務と責任が伴うことを理解する。 ・将来設計を達成するための困難を理解し、それを克服するための努力に向かう。

（高校）入学から在学期間半ば頃まで	（高校）在学期間半ば頃から卒業を間近にする頃まで
・新しい環境に適応するとともに他者との望ましい人間関係を構築する。 ・新たな環境の中で自らの役割を自覚し、積極的に役割を果たす。 ・学習活動を通して自らの勤労観、職業観について価値形成を図る。 ・様々な情報を収集し、それに基づいて自分の将来について暫定的に決定する。 ・進路希望を実現するための諸条件や課題を理解し、検討する。 ・将来設計を立案し、今取り組むべき学習や活動を理解し実行に移す。	・他者の価値観や個性を理解し、自分との差異を見つめつつ受容する。 ・卒業後の進路について多面的・多角的に情報を集め、検討する。 ・自分の能力・適性を的確に判断し、自らの将来設計に基づいて、高校卒業後の進路について決定する。 ・進路実現のために今取り組むべき課題は何かを考え、実行に移す。 ・理想と現実との葛藤や経験等を通し、様々な困惑を克服するスキルを身に付ける。

特別支援学校　小学部（小学校）	特別支援学校　中学部（中学校）	特別支援学校　高等部
学校及び生活に関連する諸活動のすべてにおいて、遊びから目的が明確な活動へ、扱われる素材が身近なものから地域にある素材へ、援助を受けながらの活動から自主的・自立的活動へと発展しながら全人的発達をとげる時期であり、働くことに対する夢や意欲を育てる。	職業生活に必要な自己及び他者理解（自らのよさや仲間のよさ）を深め、実際的な職業体験を通じて自らの適正に気づき、やりがいや充実感の体感を通して、職業の意義、価値を知ることを学ぶ。自己の判断による進路選択を経験する時期である。	自らの適性ややりがいなどに基づいた意思決定、働くことの知識・技術の獲得と必要な態度の形成、必要な支援を適切に求め、指示・助言を理解し実行する力、職業生活に必要な習慣形成、経済生活に必要な知識と余暇の活用等を図る時期である。

文部科学省『小学校キャリア教育の手引き<改訂版>』2011（平成23）年 p.20、文部科学省『中学校キャリア教育の手引き』2011（平成23）年 p.115、文部科学省『高等学校キャリア教育の手引き』2012（平成24）年 p.129、国立特別支援教育総合研究所「キャリアプランニング・マトリックス（試案）」2010（平成22）年をもとに作成

5　キャリア教育における学習過程

学級活動/ホームルーム活動(3)は、教師が取り上げる題材を設定し、話し合い活動を効果的に活かし実践する（**図8-2**）[9]。また、人間関係の形成や進路選択などについては、集団の場面で行う指導（ガイダンス）だけでなく、個々の生徒に対応した指導（カウンセリング）の双方の趣旨を踏まえ実施する必要がある（**図8-3**）。

また、学びの過程を記述し振り返ることができるポートフォリオを作成・活用し、自身の成長や変容を**自己評価**したり、将来の社会生活や職業生活を展望したりする活動も期待されている。

（9）学級活動/ホームルーム活動(2)も同様。

6 キャリア教育の課題

上述のように、学級活動/ホームルーム活動(3)を核としたキャリア教育の重要性が認識される一方で、現状のキャリア教育は直線的なキャリア選択を是とするものにとどまっており[10]、そうした現状ゆえ、キャリア教育の推進が若者の不安や混乱を増大させる恐れもあるといった指摘もなされている[11]。

(10) 児美川孝一郎(2013)『キャリア教育のウソ』筑摩書房

(11) 本田由紀(2009)『教育の職業的意義―若者、学校、社会をつなぐ』筑摩書房

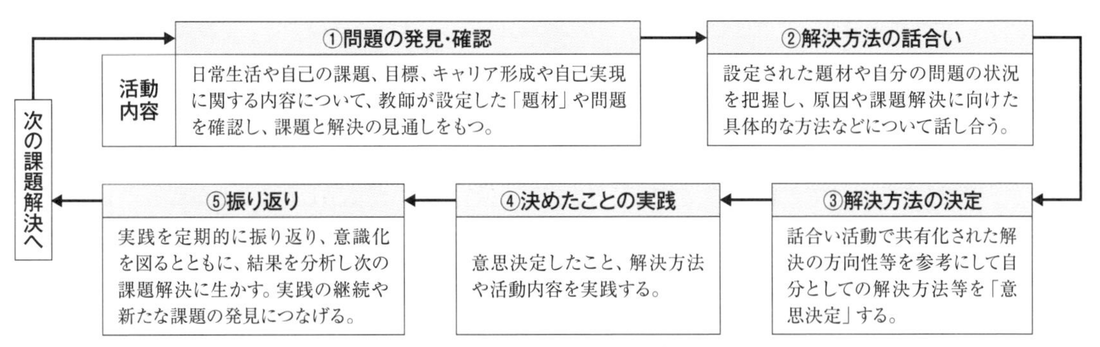

『中学校学習指導要領解説 特別活動編』(2017(平成29)年))、p.44

図8-2 学級活動(2)(3)における学習過程(例)

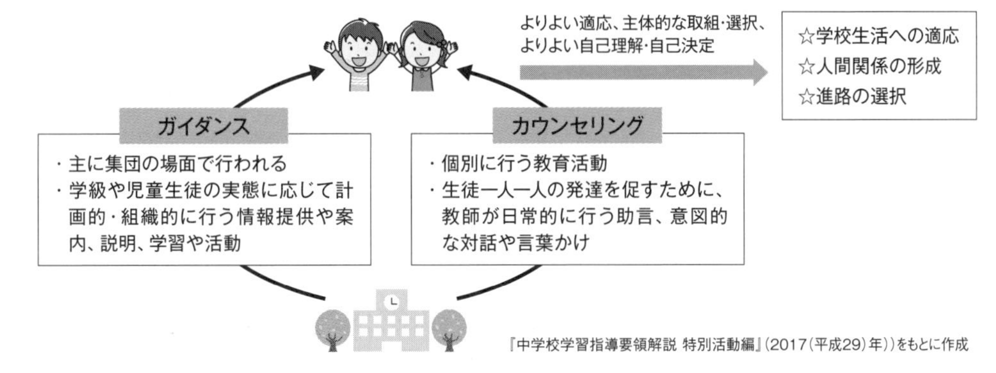

『中学校学習指導要領解説 特別活動編』(2017(平成29)年))をもとに作成

図8-3 ガイダンスとカウンセリングの趣旨を踏まえた指導

評価のポイント

学級活動/ホームルーム活動(3)を通じ、児童生徒の下記資質・能力を育むことができる。

・働くことや学ぶことの意義を理解し、「現在の学習」と「将来の社会・職業生活」とのつながりを考え、社会的・職業的自立および自己実現を図る見通しを持つ。

・よりよく生きるために自己理解を深め、自己の生活や学習を振り返り、将来の生き方や進路について考え、課題解決や意思決定のために他者と協力し、主体的に学ぶ。

・学級や社会における自己の役割を理解するとともに、自己実現へ向け目標を設定し、社会貢献へ向け適切な情報を踏まえ考え、自己の将来像や生き方を描く。

(畑中大路)

09 児童会・生徒会活動

章のポイント

平成29・30年の指導要領改訂においては、特別活動の児童会・生徒会活動を通じて育成することを目指す「資質・能力」を、「人間関係形成」「社会参画」「自己実現」の三つに視点を据えている。学校段階が進むにつれて、児童会活動・生徒会活動では様々な集団での活動を通じて培われる「自治的能力」や主権者として積極的に「社会参画する力」を重視している。児童会・生徒会を中心として学校や学級の課題を見いだし、「話し合い活動」等を通じて合意形成、組織づくりを行い、役割分担して協力し合うことが目的となる。

1 児童会・生徒会活動とは

杉田洋『よりよい人間関係を築く特別活動』図書文化、2009年。

児童会活動と生徒会活動は、ともに全校の児童・生徒で組織されるもので、学校生活の充実と向上を目指して活動するものである。子どもの自発的、自治的な活動としての特質を持ち、小学校は「児童会（活動）」、中学校・高等学校では「生徒会（活動）」と呼ばれる。児童会活動は、児童の発達段階の関係から、「高学年（5・6年生）」が中心となる。更に、中、高等学校の生徒会活動は児童会活動で培った自発的、自治的活動を踏まえて、諸活動の連絡調整や学校行事の協力を通して社会性や個性の伸長を図る。

2 新（平成29・30年）学習指導要領での児童会・生徒会活動の位置づけ

文部科学省「小学校学習指導要領解説：特別活動」2017（平成29）年
文部科学省「中学校学習指導要領解説：特別活動」2017（平成29）年

児童会・生徒会活動では、生徒の学校や学級の課題を解決するための集団の「合意形成」を通じて、社会に参画する自覚を深めていくことを期待している。特別活動の各活動の中で、児童会・生徒会が求めているのは、多様な他者との様々な集団活動で関わり合うことである。例えば、異学年や教員といった多様な他者との関わり（「話合い」）を通じて、学級や学校における生活上の課題を見いだし、自治的な活動に解決するために意思決定し、「合意形成」を図ることである。それらの活動を通じて、児童・生徒が他者の意見に触れ、自らの考えを広げ、課題について多面的・多角的に考えさせることが活動の目的となる。

平成29年学習指導要領解説・特別活動における児童会・生徒会活動の目標と資質・能力例

小学校	○児童会やその中に置かれる委員会などの異年齢により構成される自治的組織における活動の意義について理解するとともに、その活動のために必要なことを理解したり行動の仕方を身に付けたりするようにする。 ○児童会において、学校生活の充実と向上を図るための課題を見いだし、解決するために話し合い、合意形成を図ったり、意思決定したり、人間関係をよりよく形成したりすることができるようにする。 ○自治的な集団活動を通して身に付けたことを生かして、多様な他者と互いのよさを生かして協働し、よりよい学校生活をつくろうとする態度を養う。
中学校	○生徒会やその中に置かれる委員会などの異年齢により構成される自治的組織における活動の意義について理解するとともに、その活動のために必要なことを理解し行動の仕方を身に付けるようにする。 ○生徒会において、学校全体の生活をよりよくするための課題を見いだし、その解決のために話し合い、合意形成を図ったり、意思決定したり、人間関係をよりよく形成したりすることができるようにする。 ○自治的な集団における活動を通して身に付けたことを生かして、多様な他者と協働し、学校や地域社会における生活をよりよくしようとする態度を養う。
高等学校	○生徒会やその中に置かれる委員会などの異年齢により構成される民主的かつ自治的組織における活動の意義について理解するとともに、その活動のために必要なことを理解し行動の仕方を身に付けるようにする。 ○生徒会において、学校全体の生活をよりよくするための課題を見いだし、その解決のために話し合い、合意形成や意思決定することで、よりよい人間関係を形成することができるようにする。 ○自治的な集団における活動の中で身に付けたことを生かして、多様な他者と協働し、学校や社会におけるよりよい生活づくりに参画しようとする態度を養う。

新旧学習指導要領解説：特別活動における児童会・生徒会活動の「内容」の比較

	平成20（小中）・平成21（高）	平成29年版
小学校	学校の全児童をもって組織する児童会において、学校生活の充実と向上を図る活動を行うこと。 (1) 児童会の計画や運営 (2) 異年齢集団による交流 (3) 学校行事への協力	1の資質·能力を育成するため、学校の全児童をもって組織する児童会において、次の各活動を通して、それぞれの活動の意義及び活動を行う上で必要となることについて理解し、主体的に考えて実践できるよう指導する。 (1) 児童会の組織づくりと児童会活動の計画や運営：児童が主体的に組織をつくり、役割を分担し、計画を立て、学校生活の課題を見いだし解決するために話し合い、合意形成を図り実践すること。 (2) 異年齢集団による交流：児童会が計画や運営を行う集会等の活動において、学年や学級が異なる児童と共に楽しく触れ合い、交流を図ること。 (3) 学校行事への協力：学校行事の特質に応じて、児童会の組織を活用して、計画の一部を担当したり、運営に協力したりすること。
中学校	学校の全生徒をもって組織する生徒会において、学校生活の充実と向上を図る活動を行うこと。 (1) 生徒会の計画や運営 (2) 異年齢集団による交流 (3) 生徒の諸活動についての連絡調整 (4) 学校行事への協力 (5) ボランティア活動などの社会参加	1の資質·能力を育成するため、学校の全生徒をもって組織する生徒会において、次の各活動を通して、それぞれの活動の意義及び活動を行う上で必要となることについて理解し、主体的に考えて実践できるよう指導する。 (1) 生徒会の組織づくりと生徒会活動の計画や運営：生徒が主体的に組織をつくり、役割を分担し、計画を立て、学校生活の課題を見いだし解決するために話し合い、合意形成を図り実践すること。 (2) 学校行事への協力：学校行事の特質に応じて、生徒会の組織を活用して、計画の一部を担当したり、運営に主体的に協力したりすること。 (3) ボランティア活動などの社会参画：地域・社会の課題を見いだし、具体的な対策を考え、実践し、地域や社会に参画できるようにすること。
高等学校	学校の全生徒をもって組織する生徒会において、学校生活の充実と向上を図る活動を行うこと。 (1) 生徒会の計画や運営 (2) 異年齢集団による交流 (3) 生徒の諸活動についての連絡調整 (4) 学校行事への協力 (5) ボランティア活動などの社会参画	1の資質·能力を育成するため、学校の全生徒をもって組織する生徒会において、次の各活動を通して、それぞれの活動の意義及び活動を行う上で必要となることについて理解し、主体的に考えて実践できるよう指導する。 (1) 生徒会の組織づくりと生徒会活動の計画や運営：生徒が主体的に組織をつくり、役割を分担し、計画を立て、学校生活の課題を見いだし解決するために話し合い、合意形成を図り実践すること。 (2) 学校行事への協力：学校行事の特質に応じて、生徒会の組織を活用して、計画の一部を担当したり、運営に主体的に協力したりすること。 (3) ボランティア活動などの社会参画：地域や社会の課題を見いだし、具体的な対策を考え、実践し、地域や社会に参画できるようにすること。

③ 自発的・自治的活動の展開をもたらす生徒会活動の内容と教師の「適切な指導」

H29：中学校学習指導要領第５章の第３の２の（1）では、生徒会活動について下記のとおり示している。

> 学級活動及び生徒会活動の指導については、指導内容の特質に応じて、教師の適切な指導の下に、生徒の自発的、自治的な活動が効果的に展開されるようにすること。その際、よりよい生活を築くために自分たちできまりをつくって守る活動などを充実するよう工夫すること。

生徒会活動において、「生徒の自発的、自治的な活動が効果的に展開される」ためには、教師の適切な指導の下、全校生徒の活動であることを理解させ、学校の諸問題について話し合い、生徒総会や評議会（役員会）や各種委員会として意見をまとめ、合意形成する中で自己らの責任を自覚させ、それらを自発的・自治的に実現するような機会を、教師が適切に設定することが重要である。将来、多様な他者と協働し、地域の課題に主体的に関わり、社会へ積極的に関わる必要な資質・能力を育成するという主権者教育の視点からも重要である。教師の「適切な指導」とは、生徒の自発的、自治的な活動を助長する指導である。生徒に対する情報や資料の提供し、生徒の自主的活動を援助することが重要である。教師は受容的な態度で根気よく接することが求められる。ただし、この自発的・自治的な活動は特別活動の一つであり、その活動には、達成できない場合は制限や範囲があることについても生徒に理解させなければならない。このような指導が効果的に行われていくために、常に教師と生徒は関係を深め、信頼関係を築くことが大切である。生徒会活動では、下記のような取り組みを推進することが必要である。

①集団としての意見をまとめるなどの話合い活動

集団における諸活動を充実させるためには、民主的な手続きとしての話合い活動により、集団の総意の下に取り組むことが大切である。（指導の対象となる活動（例）：学級活動・児童会活（小学校）・生徒会のリーダー研修会・生徒会会議運営等）

②自分たちできまりをつくって守る活動

小学校以降、中学生・高校生の時期には、規範意識の社会的意義を十分に理解し、主体的に集団のルールをつくり、守ることが求められてくる。生徒が、学校や学年のきまりをつくって守る活動を行うことで、自発的、自治的に活動に取り組む態度が育ち、次の活動への自信と意欲にもつながる。（指導の対象となる活動（例）：生徒会役員会・生徒会総会等）

③人間関係を形成する力を養う活動

生徒会活動は、学級や学年の枠を越えて、異年齢の人と関わるという特質をもっている。具体的には、生徒会を中心として他学年（異校種）と関わる活動、ボランティア活動（学内外）など、多様な人と関わる活動が考えられる。生徒の自発的、自治的活動を通して、学校生活を充実したものに発展させ、豊かな人間形成を図っていくことが望まれる。（指導の対象となる活動（例））：リーダー研修会・社会的な礼儀・作法等の向上に関わる研修・広報活動の充実等）

平成29年版学習指導要領：児童会・生徒会の活動内容

	（1）児童会の組織づくりと児童会活動の計画や運営	（2）異年齢集団による交流	（3）学校行事への協力
小学校	【内容】児童が主体的に組織をつくり、役割を分担し、計画を立て、学校生活の課題を見いだし解決するために話し合い、合意形成を図り実践すること。	【内容】児童会が計画や運営を行う集会等の活動において、学年や学級が異なる児童と共に楽しく触れ合い、交流を図ること。	【内容】学校行事の特質に応じて、児童会の組織を活用して、計画の一部を担当したり、運営に協力したりすること。
	（1）生徒会の組織づくりと生徒会活動の計画や運営	**（2）学校行事への協力**	**（3）ボランティア活動などの社会参画**
中学校	【内容】生徒が主体的に組織をつくり、役割を分担し、計画を立て、学校生活の課題を見いだし解決するために話し合い、合意形成を図り実践すること。	【内容】学校行事の特質に応じて、生徒会の組織を活用して、計画の一部を担当したり、運営に主体的に協力したりすること。	【内容】地域や社会の課題を見いだし、具体的な対策を考え、実践し、地域や社会に参画できるようにすること。

4 児童会・生徒会の組織と活動の調整

児童会や生徒会の組織体制は、①生徒総会、②生徒会役員会（代表委員会）、③各種委員会（会計、各種代表（学級・各委員会）等から構成される。

生徒総会
代表委員会
会計委員会
学級代表
委員会代表
クラブ代表

年間活動については、具体的には、①学校行事（入学式・卒業式等）、②生徒会行事（生徒総会・選挙等）、③自治的活動（挨拶運動・いじめ防止活動等）等がある。特に学校行事に関わる活動、必要とされる時数について、教員が生徒会代表と調整し指導する。児童会活動と生徒会活動は、学校生活の充実と向上を目指して活動するものであるが、これらの活動はあくまで教育課程の中で実施されるものであり、学校行事との調整が必要となる。

国立教育政策研究所教育課程研究センター『学級・学校文化を創る特別活動中学校編』、東京書籍、2016（平成28）年.

例：生徒会の一年間の具体的活動

月	主な生徒会活動の例	生徒会の役割
4	新入生歓迎会・対面式	生徒会活動についての説明、各種委員会及び活動の紹介
	前期各種委員会発足	各種委員会の活動方針・活動内容の検討及び役割分担
5	生徒総会	総会議案の作成、総会運営計画作成、司会進行
6	運動会	運動会実行委員会を組織、運動会までの練習・準備、大会当日の役割分担
8	ボランティア活動	地域の「回収活動」に参加者を募り参加
9	生徒会本部役員選挙	選挙管理委員会を組織、立候補受付や周知等の選挙事務、選挙運営
	前期各種委員会のまとめ	活動方針及び活動計画に基づくまとめと反省
	挨拶運動	各学級への周知、担当者以外の参加者も募り挨拶の実施
10	生徒会本部役員交代式	本部役員会のまとめと反省を集約、新役員との引継ぎ 新役員会の活動方針及び活動計画の作成
	後期各種委員会発足	各種委員会の活動方針・活動内容の検討及び役割分担
11	生徒会長サミット	生徒会長サミットに向けた学級での話合い各学級の意見を参考に発表準備
12	ボランティア活動	各学級で参加者を募り歳末助け合い運動に参加 社会福祉協議会に募金を届ける
1	挨拶運動	各学級への周知、担当者以外の参加者も募り挨拶の実施
2	ボランティア活動	エコキャップ運動についての周知
3	卒業生を送る会	送る会の企画・運営、各学級や各種委員会で準備

国立教育政策研究所教育課程研究センター『学級・学校文化を創る特別活動中学校編』、東京書籍、2016（平成28）年.

生徒会活動における学習過程（例）

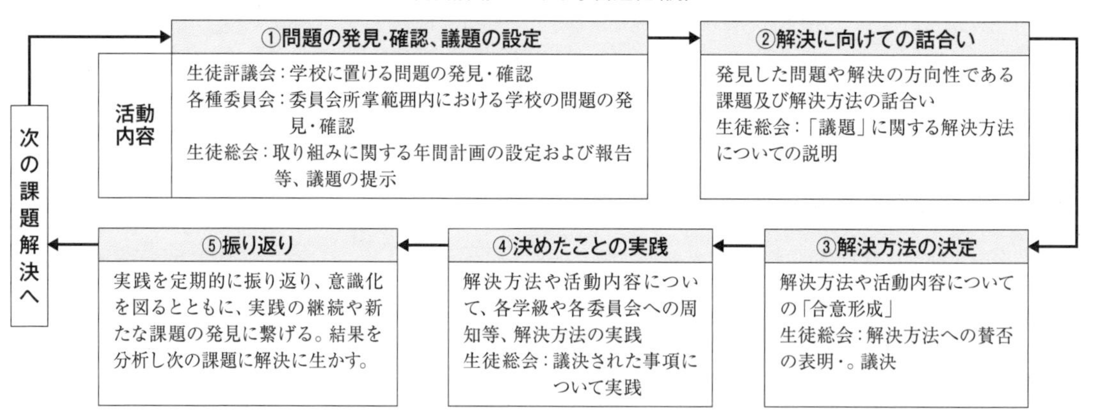

文部科学省『中学校学習指導要領解説 特別活動編』2017年

5 児童会・生徒会の学習過程における指導と留意点

藤田晃之編著『平成29年版 中学校新学習指導要領の展開 特別活動編』、明治図書、2017（平成29）年.

H29小学校指導要領改訂において、児童会活動の目標では、「資質・能力」の育成が重要視されている。特に、児童会活動では、各委員会活動を通じて異年齢によって構成される「自治的組織」における活動の意義について理解し、学校生活の充実と向上を図るための課題を解決するために、「話し合い」や「合意形成」を図ることを通じて、人間関係をよりよく形成することができることが求められている。「自治的な集団活動」を通して身に付けたことを生かして、多様な他者と互いのよさを生かして協働し、よりよい学校生活をつくろうとする態度を養うことで、「資質・能力」を高めようとする狙いがある。

児童会・生徒会活動の計画は、年間指導計画に基づき、教師の適切な指導助言の下に作成するが、その際、児童会・生徒会の代表者に対して、①組織づくりと年間計画、②異年齢集団による交流、③学校行事への協力、④ボランティア活動などの社会参画の項目に配慮しながら指導を行う必要がある。あくまで児童会・生徒会を中心とした自発的・自治的な活動であるとはいえ、学校行事や教員との関係性を考慮しない計画を立てさせることの無いように、指導していく必要がある。

6 児童会・生徒会活動の具体的な評価

生徒は各種の委員会活動やボランティア活動等の児童会・生徒会活動について、定期的に振り返りの機会を設けて、①自己評価、②相互評価、③関係者評価や④外部評価を取り入れなければならない。それらを踏まえて教員が評価を行い、教員の年間指導計画、児童・生徒の活動計画を見直していく。児童会・生徒会活動や各種委員会活動について、学級担任や教職員全体で活動状況を把握し、指導に生かすためには、情報共有を工夫する必要がある。例えば、委員会活動等で頑張っている個別の生徒の活動について、それらを情報として取り上げ、教員間で情報共有する等である。学年会や生徒指導等の各種会議、情報ツール（学内掲示板・学年通信）などを活用し、生徒の活動状況を集約する。

また、児童会・生徒会活動の年間計画を見直し、評価する時期を教員間で共通理解し、評価資料の収集時期を確認できるようにする必要がある。

国立教育政策研究所教育課程研究センター『評価規準の作成，評価方法等の工夫改善のための参考資料（中学校 特別活動）』2011（平成23）年

〈生徒会活動の評価の観点と評価規準（例）〉

集団や生活への関心・意欲・態度	集団や社会の一員としての思考・判断・実践（※）	集団行動や生活についての知識・理解
学校生活の充実と向上に関わる諸問題に関心を持ち、ほかの生徒と協力して、自主的、自律的に生徒会の活動に取り組もうとしている。	生徒会の一員としての自覚と役割意識を持ち、全校的な視野に立って諸問題を解決する方法などについて考え、判断し、協同して実践している。	生徒会活動の意義や組織、諸問題への参画の仕方などについて理解している。

国立教育政策研究所教育課程研究センター『学級·学校文化を創る特別活動中学校編』、東京書籍、2016.

評価のポイント

児童会·生徒会活動は、児童·生徒の主体的な活動を引き出していかなければならない。そのために、児童·生徒の多様な思いや願いを引き出すような指導が求められる。「自分の考え」が「集団の総意」として決定され実現するという体験をすることで、児童・生徒の社会参画を通じた自己実現を高めることができる。そのためには、教員はどのような質問を投げ掛け、生徒の発意や発想を引き出せるのかを考えなくてはならない。

教員はこのような活動を通じて、児童・生徒の評価を行うが、そのためには教員が中心となって（保護者や地域からの支援も含む）、児童会・生徒会の活動の願いや思いを共有化することが求められる。課題解決を通じて、児童・生徒一人一人が、集団の一員として活動できた体験によって、個々の社会参画への意欲は高まるであろう。

（大竹晋吾）

10 学校行事の歴史

章のポイント

あらゆる物事には「始まり」があり、その固有の「誕生」に至る前史がある。皆さんが当たり前と思っている「学校行事」も、たとえそれは皆さんが生まれる以前からあったとしても、過去の「ある時点」にいくつかの歴史的要因が複合的に絡みあった結果として「誕生」したもので、それ以前には存在しなかった。そんなことは考えてみれば当然のことだが、私たちはつい忘れがちである。

本章では、制度や意味が「生成した」現場にまで遡って、その経緯について社会史的に考察することで、特別活動についての理解を深めたい。

1 戦前における運動会、遠足、修学旅行、学芸会、儀式

運動会は「日本式教育」の代表例とされるが、実はイギリス式を目指した海軍の幹部養成施設である兵学寮でイギリス人ダグラス顧問団長からAthletic Sportsを紹介されたことを嚆矢としている。このアスレチックスポーツを「競闘遊戯」と訳し、プログラムも逐次翻訳して、二人三脚、棒高跳び、三段跳び、肩車競走、豚追い競争などが多くの観客の前でおこなわれた。平田宗史（1999）によれば、それはイギリスの祭りを再現したにすぎず、学校教育の延長線上ではなかったが、その後、札幌農学校や東京大学、さらには師範学校を通じて全国の小・中学校に普及していった[(1)]。

（1）平田宗史（1999）「我が国の運動会の歴史」吉見俊哉ほか『運動会と日本近代』青弓社。その他、平田の一連の研究を参照されたい。

表10-1　学校行事の歴史（1）

1874（明治7）年	海軍兵学寮での競闘遊戯会（アスレチック・スポーツ） →運動会のルーツ
1878（明治11）年 1885（明治18）年	札幌農学校「力芸会」 →エリート層のレクリエーションとして発展 東京大学・同予備門で競技運動会
1886（明治19）年	東京師範学校で**兵式体操**演習　→小学校で兵式体操（集団行動訓練）の奨励へ　同校で学術研究を兼ねた「**長途遠足**」（行軍）→修学旅行のルーツ
1888（明治21）年	師範学校で小学校体操科「**隊列運動**」実践訓練 →遠足のルーツ
1890（明治23）年	**教育勅語**発布　小学校で入学式、卒業式挙行　「連合運動会」の実施
1891（明治24）年	「小学校祝日大祭日儀式規定」制定 →御真影礼拝、天皇・皇后の万歳奉祝、勅語奉読の形式を定める

すなわち、日本で最初の運動会は、豚追い競争など娯楽的要素の種目と走り幅跳びなど記録を競う種目が併存していた。その後、「富国強兵」政策の下で徒競走（<かけぐら>）や兵式体操といった種目も採り入れられるようになった。当時は学校敷地に体操場（運動場）すらなく[(2)]、神社の境内や河原など広っぱまで行って（児童・生徒数の少ない小規模校ゆえ）他校との聯合運動会を行っており、その際に広場まで歩いていくのが遠足の起源とされる。我々が遠足に思い描く自然体験や野外観察などの実物教授という趣旨は後付されたものである。

（2）体操場は、1900（明治33）年の第３次小学校令により「体操」が尋常小学校の必須科目となるに際し向こう５年間で必設とされ、整備がすすめられた。

表10-2　学校行事の歴史（2）

<1894～1895年　日清戦争>	
1900(明治33)年	小学校施行規則により、**三大節（紀元節－2月11日、天長節－11月3日、四方拝(節)－1月1日）**の儀式挙行に焦点化
1900(明治33)年	小学校の試験制全廃に伴い、教育成果のPRとしての「教科練習会」「学業練習会」「児童談話会」等が独立→「学芸会」の共通名称は明治30～40年代から
1900(明治33)年	文部省「官設鉄道ノ学校生徒乗車賃金割引方」通知→修学旅行の団体利用
<1904～1905年　日露戦争>	
1909(明治42)年	文部大臣「演劇興業」禁止訓令　→学校演劇への圧力
明治末期～大正：各校運動会方式の定着（地方改良により変質したムラの「まつり」機能の補完）	
1927(昭和2)年	三大節の儀式に明治節を加え**四大節**（しだいせつ）とする
1941(昭和16)年	国民学校令施行規則において「**儀式、学校行事等ヲ重ンジ**之ヲ**教科ト併セ一体トシテ**教育ノ實ヲ挙グルニ力ムヘシ」と定める　→教育課程上における学校行事の位置を明確化

「富国強兵」政策下で各小学校に体操場が設けられ、就学率も向上したことから、地域の一大イベントとして「校庭」で行う単独学校運動会が台頭し、そこでは騎馬戦や綱引きといった武家や農家の伝統行事・神事なども種目として採用されるようになった。他方、聯合運動会時代には主流だった走り幅跳びなどの競争的種目が消えていき、代わって玉入れや玉送りなどの遊戯的種目が登場するようになった。さらに、**万国旗**を結び付けた長いロープを引っ張り[(3)]、さながら「村祭り」のような様相になっていった。

また、修学旅行は当初「**行軍**」と呼ばれ、いまでも「強行軍」「雪中行軍」という言葉が残っているように、もともと鍛錬を目的としていた（例えば、福岡師範学校の最初の修学旅行は徒歩で熊本まで[(4)]）が、明治末期にかけ鉄道が各地に敷かれるようになり、見聞を広めるといった目的に変化している。その後も交通の発達で修学旅行は変容していくこととなる。

文化祭にしても、もともとは**学用品展示会**であり、当時は村一番の文化センターであった学校で掛図を見せ世界の広さを思い知らせ、教具をみて圧倒する

（3）佐藤秀夫（1987）『学校ことはじめ事典』小学館によれば、万国旗の定着は大正中期からで、万国旗を装飾に用いるのは外国にあまり例がなく、明治以降の日本人の外国に対する深甚な関心を示しているという。

（4）新谷恭明（1995）「明治期の師範学校に於ける修学旅行について―史料紹介；福岡尋常師範学校生徒の旅行日記」『九州大学教育学部紀要教育学部門』（41）、pp.45-61

ことで、子女を修学させる契機にすること（就学督励）が目的であった。他方で、演劇芝居を生徒にさせることへの抵抗感は根強く、学校劇の自由化は昭和に入ってからである[5]。

（5）山本信良・今野敏彦(1987)『近代教育の天皇制イデオロギー　明治期学校行事の考察』新泉社

このように歴史をふりかえってみると、昔から脈々と受け継がれてきたかにみえる伝統的な学校行事もその意味合いは大きく変容してきている。「そもそも」論でいえば､学校行事は必ずしも教育的な理由だけで導入されたわけではない。

＜参考資料＞

運動会は、世界に類を見ない日本独特のイベントである。そこでは、明治国家のテクノラートたちが近代国家の重要なイデオロギー装置である学校に装填しようとしていた、身体をめぐる戦略がもっとも集約的に発動された。また同時に、民衆の集合的な日常的感覚のなかに深く根を下ろしてきた祭りと固く接合されることによって、近代日本の二重性を端的に象徴する場ともなった。だが、明治の運動会は、最初から国家が明確なかたちを提示し、それにしたがって形成されたものではない。兵式体操を重視する国家の教育政策と、明治時代以前から受け継がれてきた伝統的な遊戯が複雑に混交され、曖昧なかたちのまま全国に普及していったのである。人々が民族的記憶として培ってきた祭りを取り込みながら、近代的な社会システム構築の礎とされたその歴史を検証し、日本人の集合的無意識が顕現する場としての運動会を多角的に考察する。

＜吉見俊哉ほか『運動会と日本近代』青弓社、1999年、帯の文章より引用＞

② 戦後における学校行事の位置づけの変遷

表10-3　学校行事の歴史（3）

1947(昭和22)年	学習指導要領（試案）には「学校行事」の用語はみられない
1951(昭和26)年	学習指導要領において、行事は**「教科以外の活動」（小）**、**「特別教育活動」（中・高）**の一環としての「児童集会」「生徒集会」に位置づけられる →主体は児童・生徒
1958(昭和33)年 高校は1960(昭和35)年改訂から	学習指導要領で、**「特別教育活動」**と並ぶ**「学校行事等」**の**領域**と位置づけられる行事は「**学校が**計画し実施する教育活動」と規定 →二系列化、主体が学校に 国旗掲揚・**君が代**斉唱を「**のぞましい**」と奨励
1968(昭和43)年 1970(昭和45)年	学校行事は、**「特別活動」（小・中）** **「各教科以外の教育活動」（高）の中に再編** （高校も1978年に「特別活動」と改める）
1977(昭和52)年	学習指導要領で「特別活動」を**児童活動、学校行事、学級指導**に大別
1989(平成元)年	学習指導要領で「特別活動」が学級活動、児童会活動、クラブ活動､学校行事に大別される。国旗掲揚､国歌斉唱を「指導するものとする」と規定
1999(平成11)年	国旗国歌法制定

昨今における学校行事の質的変容[(6)]

この20年ほどでも、学校行事の様相の変容は著しい。危機管理意識の変化や学校を相手取った裁判や紛争の増加等もあり、騎馬戦や棒倒し、組体操（ピラミッド）など危険を伴う種目は避けられる傾向にあるし、一時期は形式的な「平等」論からワープリレーや順位をつけない徒競走などが行われたりもした。また、こんにち「学力低下」以上に深刻な「体力低下」の現状や学校週５日制の完全実施に伴う時数不足や「学力」重視にともなう練習時間の確保の困難性、行事の集中を回避するための秋開催から春開催への移行等はパフォーマンスの質を低下させ、競技種目や内容の変更を余儀なくさせている。こうしたことは体育的行事ばかりでない。

あくまでも教育活動の一環であり「祭り」ではないとして体育祭を「体育会」と呼び変えるように、文化「祭」も「学習」発表会に切替え、劇や器楽、合唱ではなく、総合的な学習の時間や生活科など教科の学習内容を反映したものに変化している学校も多いが、これもサブカルチャーの影響懸念ばかりでなく、子どもの現実態や時数の関係など､輻輳的な問題背景が根強く横たわっている。また「開かれた学校」という理念の下で保護者や地域を巻き込んだ諸行事は土曜授業の影響などもあり年々増えており、教職員の「働き方改革」が求められる時代に検討が必要である。

修学旅行にしても、史跡名勝など観光地めぐりからTDRやUSJなどのテーマパークへ、平和学習から海外研修へ、スキー合宿など体験型・個別グループ研修などへと多様化している。移動にあたっての交通機関の発達も大きい。だが、そもそも誰のため、何のための学校行事なのかという本質を見誤らないようにしなければならないだろう。儀式的行事にしても、来賓があふれ主役が誰だかわからないこともままある。そして儀式で体育館に座らせる際の「体育座り」[(7)]一つとっても、そうした身体管理を行うことの意味など問い続けなければならないことは少なくない。

（6）元兼正浩（2010）「ハレ舞台としての学校行事をどのように演出するか」『次世代スクールリーダーの条件』ぎょうせい、pp.61～63より抜粋し、その一部を加筆修正した。

（7）塩崎義明（2014）『学校珍百景―「学校あるある」を問い直す―』学事出版、pp.176-179

評価のポイント

（1）特別活動の意義、目標及び内容

　４）児童会・生徒会活動、クラブ活動、学校行事の特質を理解している。

　　学校行事の成立経緯を理解し、その特殊性がどのような社会的、文化的、歴史的背景によって生起したものかを理解しているか。

（2）特別活動の指導法

　４）特別活動における家庭・地域住民や関係諸機関との連携の在り方を理解している。

　　学校行事と家庭・地域との連携の在り方について歴史背景も踏まえて理解しているか。

（元兼正浩）

学校行事の種類／文化的行事

章のポイント

本章では、まず、学習指導要領において（1）儀式的行事、（2）文化的行事、（3）健康安全体育的行事、（4）旅行（遠足）集団宿泊的行事、（5）勤労生産奉仕的行事の５つが学校行事の内容として位置付けられていることを理解する。次に、学校行事のうち文化的行事の内容について取り扱う。さらに、文化的行事を指導・実施するにあたって、教師として児童生徒にとっての「文化」をどのように捉えるのかについて考察する。また、第37回全国高等学校総合文化祭（しおかぜ総文祭）において「学校文化祭」をテーマに開催された、高校生文化祭サミット部門の事例についても紹介する。

1 学校行事の目標・内容

学校行事の目標は小学校学習指導要領において表11-1のように示されている[(1)]。学校行事の実施にあたっても、特別活動の「**人間関係形成**」「**社会参画**」「**自己実現**」の３つの視点を踏まえて資質・能力を育成することが求められている[(2)]。

表11-1　学校行事の目標

全校又は学年の児童で協力し、よりよい学校生活を築くための体験的な活動を通して、**集団への所属感や連帯感**を深め、**公共の精神**を養いながら、第１の目標に掲げる資質・能力を育成することを目指す。

（1）「小学校学習指導要領第５章特別活動」(2017)。中学校学習指導要領（2017）では「児童」が「生徒」となる。高等学校学習指導要領（2018）では「全校又は学年の児童」が「全校若しくは学年又はそれらに準ずる集団」となる。

（2）城戸茂・島田光美・美谷島正義・三好仁司編著（2017）『平成29年改訂中学校教育課程実践講座　特別活動』ぎょうせい、pp.47-51。

2 学校行事の内容と内容の取り扱い

また、学校行事の内容は（1）儀式的行事、（2）文化的行事、（3）健康安全・体育的行事、（4）旅行・集団宿泊的行事（小学校は「遠足・集団宿泊的行事」）、（5）勤労生産・奉仕的行事の５つが示されている。

学校行事を実施するにあたっては、行事間を関連付けたり、統合を図ったりしながら精選して実施することや、自然体験や社会体験などの体験活動の充実とともに振り返り、まとめ、発表など事後の学習活動を充実させることが求められている（表11-2）。

表11-2　学校行事の内容の取り扱い

児童や学校、地域の実態に応じて、２に示す行事の種類ごとに、行事及びその内容を重点化するとともに、各行事の趣旨を生かした上で、行事間の関連や統合を図るなど精選して実施すること。また、実施にあたっては自然体験や社会体験などの体験活動を充実するとともに、体験活動を通して気付いたことなどを振り返り、まとめたり、発表し合ったりするなどの事後の活動を充実すること。

（３）「小学校学習指導要領第５章特別活動」（2017年）。中学校学習指導要領（2017年）及び高等学校学習指導要領（2018年）では「児童」が「生徒」となる。また、高等学校学習指導要領（2018年）では、「２に示す」が「内容に示す」となる。

③ 文化的行事の内容

文化的行事の内容を表11-3に示す[4]。文化的行事の内容は児童生徒自自身が発表したり互いに鑑賞しあったりするものと、児童生徒自身の手によらないものの２つに区分されている。

（４）「小学校学習指導要領解説特別活動編」（2017年）、「中学校学習指導要領解説特別活動編」（2017年）、「高等学校学習指導要領解説特別活動編」（2010年）をもとに作成。

表11-3　文化的行事の内容

	小学校	中学校	高等学校
内容	平素の学習活動の成果を発表し、自己の向上の意欲を一層高めたり、文化や芸術に親しんだりするようにすること。		
	各教科等における日頃の学習や活動の成果を総合的に発展させ、発表し合い、互いに鑑賞する行事		
	学芸会、学習発表会、作品展示会、**音楽会**、読書感想発表会、クラブ発表会など	**文化祭（学芸祭）**、学習発表会、**音楽会（合唱祭）**、作品発表会（展覧会）など	**文化祭（学校祭）**、**音楽祭（合唱祭）**、弁論大会、各種の発表会（展覧会）など
	外部の文化的な作品や催し物を鑑賞する行事		
	音楽鑑賞会、演劇鑑賞会、美術館見学会、地域の伝統文化等の鑑賞会など	音楽鑑賞会、映画や演劇の鑑賞会、伝統芸能等の鑑賞会や講演会など	音楽鑑賞会、映画や演劇の鑑賞会、伝統芸能等の鑑賞会や講演会など

子どもの文化体験をめぐっては、家庭の経済状況を背景とした児童生徒の「体験格差」も指摘されており、文化的行事が担うべき役割は増大していると言える。文化に関する世論調査においても「子どもの文化術体験で重要なこと」として、「学校における公演などの鑑賞体験を充実させる」（60.9％）や「学校における演劇などの創作体験を充実させる」（39.8％）に多くの回答がなされており、学校における文化的行事の充実が期待されていると言える（図11-1）[5]。

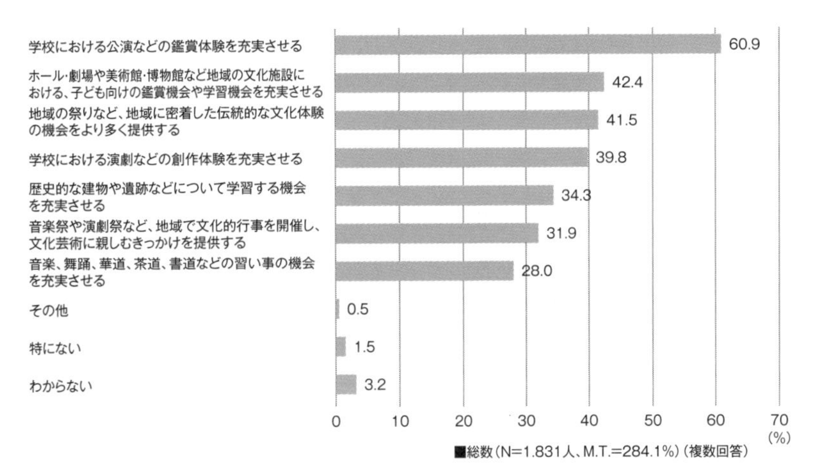

図11-1　子どもの文化芸術体験で重要なこと

（５）内閣府「平成28年度文化に関する世論調査（平成28年９月調査）」（https://survey.gov-online.go.jp/h28/h28-bunka/index.html）最終アクセス日 2018年5月28日。

④ 子どもと文化

教師は、子どもにとっての「文化」をどのように理解すればよいのだろうか。野上（2015）は「子ども文化」を、大人が作って子どもたちに提供する「児童文化」と区別し、「（子どもが）それら（児童文化）を受け入れながら、時代の文化状況を独自に反映させて、アクティブに遊びに取り込み、与え手（大人）の意図を超えて育んできた、子どもたちによる有形無形の文化の総体」（野上 2015：3，括弧内は筆者注）として定義している(6)。

この定義を学校教育の文脈に置き換えるならば、学校や教師が児童生徒に与えるものとしての「児童文化」と、子どもの側からの文化の創造を包含した「子ども文化」の2つで区別することができよう。文化的行事を実施するにあたっては、教師として、子どもにとっての「文化」をどのように理解するか、行事の準備や実施、事後の活動を通して子どもと共にどのように新たな「文化」を作り出すかを考えておく必要がある。

（6）野上暁『子ども文化の現代史　遊び・メディア・サブカルチャーの奔流』大月書店、2015年。

（7）「全国高等学校総合文化祭（長崎大会）高校生文化祭サミット部門実施要領」を参照。

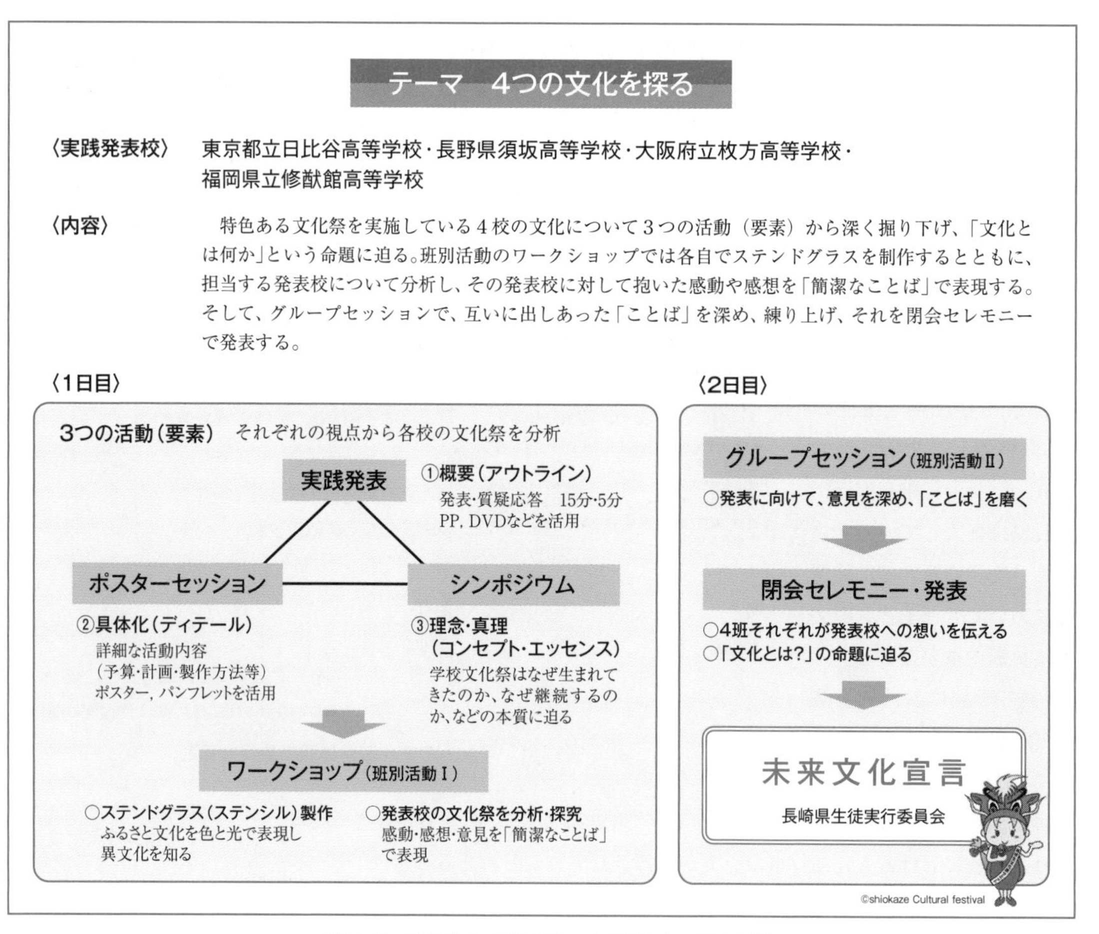

図11-2　高校生文化祭サミット部門プログラム(7)

「一生の宝物」174人 達成感

高校生文化祭サミット部門2日目は、シンポジウムとグループセッション、閉会セレモニーを実施。全国91校174人の参加者が、文化祭の在り方について多角的に考えるとともに、力を合わせて一つのことを成し遂げる大切さを学んだ。

シンポでは、長野・松本深志高教諭で文化祭に詳しい林直哉さんをコーディネーターに、文化祭運営の苦労に迫った。前日も登場した日比谷、須坂、枚方、修猷館の4校代表が「先生に活動を規制される」「参加したがらない生徒がいる」という悩みを明かしつつ、「味方になってもらえるよう、先生との関係をよくする」「劇やミュージカルをやって役割を振れば全員が何かに参加できる」などの対処法を伝えた。

グループセッションで4校の文化祭の長所を短文にまとめ、閉会セレモニーでパフォーマンスを交えて唱和。「一人一人のきらめきが大きな輝きになる」「向上心で歴史を変える」「自主性を通して仲間の大切さを学び成長する」などの言葉が会場に響いた。本県生徒実行委が「これからの未来は私たちでつくっていく」と宣言。最後は全員でペンライトを振りながら「今ここから」と声を合わせて叫んだ。

充実の2日間を終えた参加者の中には感極まって涙を流す生徒も。諫早東1年の山口叶夢君は「みんなで一つのものを作り上げる達成感を感じた」、佐世保実3年の渡辺恭平君は「一生の宝物ができた」と話した。（犬塚泉）

閉会セレモニーでグループセッションのまとめを発表する生徒
＝長崎ブリックホール（後藤藍撮影）

（長崎新聞2013年8月3日付）

5 全国高等学校総合文化祭

全国高等学校総合文化祭は、全国で文化活動に取り組む高校生の中から約２万人が集う「高校生最大の文化の祭典」であり、「文化部版のインターハイ」とも言われている。演劇、合唱、吹奏楽などの19の開催部門と４の協賛部門からなる大会である。長崎県で実施された第37回全国高等学校総合文化祭（2013年７月31日から８月４日まで）では、高校生文化祭に関する協賛部門「高校生文化祭サミット部門」が初めて開催された。その実施内容・成果については、図11-2（前頁）及び上の新聞記事を参照のこと。

評価のポイント

・学校行事の目標と５つの内容を説明することができる。
・子どもの文化体験をめぐる状況について理解している。
・子どもにとっての「文化」について教師の立場から説明することができる。
・ケーススタディ「合唱コンクールの選曲」をもとに、それぞれの学年・学校段階に合わせた文化的行事の実践を構想することができる。
・今後の学校文化祭のあり方について、「高校生文化祭サミット部門」の資料をもとに考察することができる。

（清水良彦）

12 健康安全・体育的行事

章のポイント

健康安全・体育的行事は、保護者・地域らといった関係者も含め、集団を統合していく上で重要な契機となる。しかし、実施をする上では格別の安全への配慮が求められる。

特に体育的行事は競争的要素を帯びやすいため、体力面・技術面で不安を抱える児童生徒らであっても安心して行事参加できるための工夫を考えることが教師には求められる。他方、健康安全的行事については、児童生徒らが自分自身を大切に思えるよう、危険から身を守る行動を身につけさせたり、自身のことに関心と自信をもたせたりすることができるような実施方法への配慮と工夫が求められる。

1 健康安全・体育的行事の目標と内容

健康安全・体育的行事の目標は、小中高ともに共通しており、「心身の健全な発達や健康の保持増進、事件や事故、災害等から身を守る安全な行動や規律ある集団行動の体得、運動に親しむ態度の育成、責任感や連帯感の涵養、体力の向上などに資するようにすること」とされている。また特に小中学校の学習指導要領では、具体的な活動について、「健康診断」や「給食」、「防犯」に「避難訓練」や「交通安全」、そして「運動会（体育祭）」等が共通して挙げられている。

他方、中学校において「薬物乱用防止指導」と「防災訓練」が加わっている点は小学校とは異なる点として指摘できよう。前者は例えば、薬物乱用防止教室が全ての中学校及び高等学校において年１回は開催するとされていることの反映である(1)。後者は、避難者に留まらない防災の担い手の育成を期して設定されているものと考えられる。平成20年・21年改訂時の学習指導要領(2)と共通する部分が多いものの、指導の目的が「何を知っているか」にとどまらず「何ができるようになるか」へ発展させること(3)にポイントが置かれるようになったものと考えられる。

『中学校学習指導要領解説 特別活動編』（p.94）では、健康安全・体育的行事のねらいについて、「生徒自らが」関心を持ち、健康安全な生活にとって重要な習慣や態度を育成していくことを掲げている。こういった児童生徒個々人の（プライバシーの問題も含む）主体的活動の側面と、集団の規律を重視する側面との折り合いをどのようにつけるかが課題であり、教師は指導の工夫を行っていく必要がある。

（１）薬物乱用対策推進会議「第四次薬物乱用防止五カ年戦略」2013年８月７日決定。

（２）平成20年・21年改訂時の学習指導要領では、児童生徒らの関心や理解を促し、それに資するような活動を行うことそのものに主眼が置かれていた。

（３）文部科学省「幼稚園、小学校、中学校、高等学校及び特別支援学校の学習指導要領等の改善及び必要な方策等について（答申）」2016年12月21日。

以下では、主に『中学校学習指導要領解説 特別活動編』(pp.95-96) 記載の「実施上の留意点」を参照しつつ、事例を挙げながら説明をしていく。

2 健康診断時の配慮

健康診断の実施においては、「参加の心構えなどについて理解させ、関心をもたせる」とともに、「健康診断や健康な生活のもつ意義」、「人間の生命の尊さ」、「異性の尊重」、「健康と環境との関連」等への、児童生徒の関心・理解を促す指導が重要とされている。この点について学校現場では、実施時において児童生徒への一層踏み込んだ配慮・方法を考える必要がある。それは例えば診察時、自身のセクシュアリティ(4)、自身の体へのコンプレックス、手術痕や傷痕等を抱える児童生徒らの中には、他者の体を見たくない、あるいは他者に自分の体を見られたくないといった不安や精神的苦痛を感じる場合への配慮等である。

学校教育法及び学校保健安全法では、健康診断の実施が義務付けられており、実施の事後においては、例えば、体に疾病などが発見された児童生徒の措置や指導を行う必要がある。自身の体へ関心を持たせることは、疾病の予防や早期発見にとって大きな意義があり、定期的な健康診断の実施は「生涯にわたって、心身ともに健康で安全な生活を実践したりしようとする態度を養う」(p.95) ことに資する大切な行事である。そうであればこそ、児童生徒の誰しもが安心して受診できるよう、学校や教師は工夫をする必要がある。医師と順番待ちをする児童生徒らの前に衝立を設置し、衝立奥の児童生徒らの見えないところで着替えを行わせる等、できるアイデアは実践していくべきだろう。加えて、スムーズにアクションに移せるようにするためにも、普段からの集団への働きかけを行い、正しい理解へ導くための雰囲気づくりをしておくべきだろう。

(4) はたちさこ・藤井ひろみ・桂木祥子編著『学校・病院で必ず役立つLGBTサポートブック』保育社、2016年。なお、上記の書籍でも用いられている「LGBT」という呼称の問題点が以下の書籍で指摘されていたため、本文では「セクシュアリティ」とした。森山至貴『LGBTを読みとく』筑摩書房、2017年。

3 求められる教育活動の工夫

文部科学省「薬物乱用防止教育の充実について(通知)」(2013年9月27日) が出されたように、喫煙、飲酒、薬物乱用防止等に関しては、その有害性や違法性について理解させ、正しく判断し行動できる態度を身に付けさせるための指導に学校も取り組まなければならない。(アルコール・煙草を含む広義の) 薬物防止については、「一次予防:健康増進や疾病予防」・「二次予防:早期発見や早期治療」・「三次予防:リハビリテーション」の3段階が設定されており、薬物乱用防止教育は一次予防に該当する(5)。喫煙、飲酒、薬物乱用等については、貧困・家庭環境・先輩後輩の関係等といった本人の環境的問題も複合的に関わるため、一次予防だけでは限界があるとされる。なお日本は、上記の中でも二次予防が圧倒的に弱いとされる。有害性の強調のみや「ダメ!ゼッタイ!!(6)」を喧伝することで、児童生徒にとっては抱える根本的な課題をかえって教師へ

(5) 實田穂・大久保圭策[監修]、「ドラッグ問題をどう考えるか」編集委員会[編]『ドラッグ問題をどう教えるか』解放出版社、2013年。

(6) 厚生労働省編『薬物乱用は「ダメ。ゼッタイ。」』(薬物乱用防止読本、「健康に生きよう」パート31)、2017年。

相談しづらい雰囲気になることが懸念される。加えて、一次予防に重きを置いた一過性の授業では、かえって児童生徒らの関心を引いてしまいかねない。かといって、(広義の)薬物を使用してしまったことを前提に指導することはできず、教師の指導に二次予防までをその範疇に組むことは容易ではない。指導の工夫を考える上では、警察等との関係諸機関との連携が不可欠であり、そういった連携は他の「防犯」や「避難訓練」、「交通安全」等の指導においても重要となる。

4 児童生徒の負担を考慮した指導の重要性

特に体育に関する行事の指導においては、児童生徒らの負担の度合いなどに慎重に配慮する必要があるとされている(p.95)。学校における教育活動上の事故は様々に発生しており、事故に備えた準備や緊急時の対応について予め熟知しておく必要がある。

右の図は、中学校の特別活動指導中に発生した負傷・疾病の発生件数である[(7)]。やはり運動会・体育祭等、健康安全・体育的行事に関わる発生件数が多いことが確認される。体育的行事の実施において教師は安全に配慮することが重要となる。なお、出典が所収する他のデータでは、実に多様な場所、多様な時間帯で事故が発生しているデータがまとめられている。学校保健安全法において、学校には「危険等発生時対処要領」の作成が義務付けられているため、全ての教職員は事故発生に備え、対処要領を熟読しておく必要がある。

区分		発生件数
特別活動(除学校行事)	学級(ホームルーム)活動	1,408
	給食指導	840
	日常の清掃	1,664
	その他学級活動	240
	児童(生徒・学生)会活動	187
学校行事	朝会	39
	その他儀式的行事	63
	文化的行事	181
	大掃除	63
	運動会・体育祭	2,967
	競技大会・球技大会	1,028
	その他健康安全・体育的行事	578
	遠足	175
	修学旅行	488
	その他集団宿泊的行事	689
	勤労生産・奉仕的行事	55

(7)独立行政法人日本スポーツ振興センター「学校の管理下の災害〔令和3年版〕」所収の「第三編 基本統計(負傷・疾病の概況と帳票)」「帳票」「帳票2 負傷・疾病(男女別)」における「2-2(1)(中学校) 場合別」のデータをベースに執筆者作成。

さて、体育に関する行事について、少し違う角度からのデータを紹介しよう。右記は、「体操」に関わる類似活動についての負傷事故件数をまとめたものである[(8)]。

内容	小学校	中学校	高等学校
鉄棒運動	2,938	118	95
跳箱運動	14,857	4,716	396
マット運動	5,835	5,245	1,143
体操(組体操)	325	65	62

比較のために小中高全てを提示しているが、この中で組体操は学習指導要領上での扱いについて記載がない。競う要素がないため児童生徒間の身体的差が目立ちづらく、技の完成時に達成感や集団としての一体感をもて、観覧者の評判も高まるといった機能のために、多くの学校で当然のように実施されている。

(8)データの出典は注(7)所収の「帳票11 負傷・疾病(種類別)」で、負傷件数を提示している。データのまとめ方については、次の書籍を参考に執筆した。内田良『教育という病』光文社、2015年。

しかし、ピラミッドやタワー等、巨大でかなりの危険を伴う技もあり、エスカレートするケースが懸念される[9]。より安全に同等の達成感や評価を得られる取組みは可能であるはずで、それを考え出すのが教師の役割ではないだろうか。また、競う要素が児童生徒らを勝ちに固執させ、体力的についていけない子どもが出てくることも懸念される。運動に親しみつつ体力を向上させるという学習指導要領上のねらいを達成できない子どもが出ないよう、教師らには工夫が求められる[10]。

(9) 例えば、福岡高裁平成6年12月22日判決等のように、大きな事故は発生しており、概ね学校や教師らの指導上の過失が認められている。

(10) スポーツ庁は、組体操を全面禁止とはしていない。安全指導を徹底させたうえで実施の是非は学校の判断に委ねることを、事務連絡（「組体操等による事故の防止について」2016年3月25日）として教育委員会等に伝えている。

5 戦略的実施による関係諸機関との協働契機の創出

学校行事の中でも特に体育的行事は、日頃の学習の成果を学校内外に公開し発表することによって、学校に対する家庭や地域社会の理解と協力を促進する機会となる（p.96）。これらの機会を通して、相互の理解や連携を促進することが重要であり、そういったハレ舞台を戦略的に活用して関係者らの統合を図ることも可能となる[11]。ただし、あくまでも児童生徒らの集団活動としての教育的価値を高めることが主目的であるため（p.96）、先述のとおり競技書目や内容・技がエスカレートしていき、大きな危険を伴うようであっては本末転倒である。それが仮に児童生徒らが望んだ内容・技であったとしても、安全面に配慮してクールダウンさせるのは教師の役割である。繰り返しとなるが、体力面・技能面で競技参加に不安を抱える児童生徒でも、安心して活動ができるような工夫を教師・学校は考えていかねばならない。

(11) 元兼正浩『次世代スクールリーダーの条件』ぎょうせい、2010年。

評価のポイント

- 健康安全や体育的行事の実施に伴う諸課題を理解している。
- 行事実施に関わる「安全」面に配慮した計画の策定ができる。
- 全ての児童生徒が「安心」して参加することで、「運動に親しむ態度の育成」や「心身の健全な発達や健康の保持増進」といった目的達成が可能となるような計画を策定できる。

（波多江俊介）

旅行・集団宿泊的行事

章のポイント

本章では、まず、旅行（遠足）・集団宿泊的行事のねらい（目標）について整理する。次に、旅行（遠足）・集団宿泊的行事のうち修学旅行の内容に焦点を当て、その歴史的な展開を確認する。最後に、修学旅行をめぐるデータとともに今日的な諸問題（児童・生徒の安全確保、不参加児童生徒の内実、教育行政による統制）について検討する。

演習問題では、修学旅行の計画や危機対応について取り組むケーススタディを準備している。

旅行（遠足）・集団宿泊的行事には、たとえば遠足、修学旅行、野外活動、集団宿泊活動などがある。これらを実施するねらいは、「自然の中での集団宿泊活動などの平素と異なる生活環境にあって、見聞を広め、自然や文化などに親しむとともに、よりよい人間関係を築くなどの集団生活の在り方や公衆道徳などについての体験を積むことができるようにすること」[1]にある（下線部は小学校のみ）。学校外の自然や文化に触れることの大切さに加えて、集団で生活するうえでの公衆道徳を身につける場としても期待されていると言える。なお、小学校のみ下線部が挿入されている理由は、児童の発達の段階や**人間関係の希薄化、自然体験の減少**といった児童を取り巻く状況の変化に対応するためであると言われている。

さて、平成29年度改訂の学習指導要領では、生命の有限性や自然の大切さ、挑戦や他者との協働の重要性を実感するための体験活動の充実（小中：総則）、自然の中での集団宿泊体験活動や職場体験の重視（小中：特別活動）が取り上げられており、特別活動の中でも旅行（遠足）・集団宿泊的行事の重要性が注目されている。自然や文化にとどまらず、経済、政治、産業など主要な場へ訪れ、直接見聞することは、「なすことによって学ぶ」ことを方法原理とする特別活動において重要な活動であると言ってもよいだろう。すなわち、学校外の自然や文化に触れる修学旅行は特別活動のなかでも中心的な行事である。修学旅行では自然や文化などに触れながら集団生活を営み、さらに平和学習も取り入れることで児童・生徒に「集団や社会の形成者としての見方・考え方」（特別活動の目標）を学ばせる機会となっている。修学旅行の実施率は、中学校では98.9%、高等学校では97.5%であり、中学校における活動内容は遺跡・史跡・文化財・寺社等の見学や平和学習に重点を置いている。このような調査結果からも修学旅行が中心的な行事であることが確認できる[2]。修学旅行に関して

（1）小学校学習指導要領（平成29年告示）解説、特別活動編

（2）公益社団法人 日本修学旅行協会（2017）『教育旅行年報データブック2017』

は（筆者だけでなく）多くの読者の記憶にもそれぞれの想い出として、残り続けているのではないだろうか。

では、そもそも修学旅行とはいつ・どのような経緯を経て今現在のような姿になったのかその歴史を辿ってみよう。ただし、「第９章　学校行事の歴史」においてそのアウトラインを確認しているため、以下では修学旅行の歴史に焦点化した年表を提示するのみにとどめておく。

修学旅行の歴史

年代	事項
1886年（明治19）	東京師範学校の「**長途遠足**」…「行軍」の計画に対して、「学術研究」及び「教育」的配慮を加えて実施したもので、修学旅行の始まりと言われている。
1946年（昭和21）	修学旅行の復活…終戦後、昭和21年より修学旅行の再開が確認されている。群馬県立高崎商業学校や山口県立厚狭高等女学校、大阪・船場女学校、岡山・矢掛中学校など。
1958年（昭和33）	修学旅行が教育課程に位置づけられる（小・中学校）…小・中学校学習指導要領に「学校行事等」が位置づけられ、修学旅行は「学校が計画し、実施する教育活動」となった。
1959年（昭和34）	修学旅行費用の補助の法制化…要保護及び準要保護家庭の児童生徒に修学旅行費用の補助が行われることになった。この年、補助を受けた児童生徒は約19万人であった。
1960年（昭和35）	高等学校修学旅行の教育課程への位置づけ…高等学校指導要領が改訂され、学校行事等の中に「**遠足、修学旅行**」として位置づけられた。
1968年（昭和43）	修学旅行の新幹線利用開始…新幹線の学生団体割引も1971年に開始され、新幹線特急料金の割引が中学生50%、高校生20%となった（当時）。
1969年（昭和44）	中学校修学旅行の「特別活動」への位置づけ…学習指導要領の改訂により、修学旅行は「特別活動」の「**修学旅行的行事**」として位置づけられた。
1970年（昭和45）	高等学校修学旅行の「各教科以外の教育活動」への位置づけ…新たな学習指導要領が公示され、修学旅行は「各教科以外の教育活動」の中の「**旅行的行事**」に位置づけられた。
1977年（昭和52）	中学校学習指導要領改訂による名称変更…中学校の「修学旅行的行事」は学習指導要領の改訂に伴い、高等学校に合わせて「**旅行的行事**」と名称が改められた。
1978年（昭和53）	公立高校修学旅行の航空機利用許可…福岡県教育委員会は高校の沖縄への修学旅行に限り、全国にさきがけ航空機の利用を認めた。この年、14 校が沖縄旅行を計画・実施。
1989年（平成元）	小・中学校修学旅行が「**旅行・集団宿泊的行事**」へ…学習指導要領の改訂により、修学旅行は「旅行・集団宿泊的行事」の中に位置づけられた。
2007年（平成19）	総務省・文部科学省・農林水産省により、平成20年度から小学校における農山漁村での長期宿泊体験活動を推進することが発表された。

最後に、修学旅行の実施上の諸問題を確認しておく。児童・生徒にとっては楽しい修学旅行であっても、実施する側（学校や教師）に視点を変えると、実に様々な問題が立ち現れてくるのである[3]。

(3) 以下で取り上げる問題についてはすでに指摘されているものである（例えば菊入1999など）。

（1）児童・生徒の安全確保

学校や教師が一番注意を払わなければいけないことは、児童・生徒の安全確保である。修学旅行先での事故に関するニュースは時折耳にする。事故の程度は交通事故や自然災害などによる怪我から、海水浴中に溺れ死亡する、あるいは誤って踏切を越え電車にはねられ死亡するケースまで多様であり、時として事件に巻き込まれることもある。

私立の高等学校・中学校のうち73.4%は海外を修学旅行先に設定している[4]。当然、海外での修学旅行では事故・事件に巻き込まれるリスクが高まる。したがって、教師は児童・生徒に対して事前学習等で注意喚起を促すだけでなく、不測の事態が起きた場合は冷静に適切な行動や指示を出すことが求められよう。1988年３月の上海列車事故をはじめとする賠償をめぐる訴訟問題にまで発展した事例に鑑みると、**安全確保に対する教師の負担や責任は非常に大きい**ものであるとも言える。

(4) 海外に設定する背景は、私立学校の受験生へのインセンティブを高めるための戦略が見え隠れする（菊入三樹夫1999「修学旅行、その意味と問題—学習指導要領『特別活動』旅行・集団宿泊的行事の諸問題—」『東京家政大学博物館紀要』第４集）。

（2）不参加児童・生徒の内実

国内・国外問わず修学旅行には費用がかかることは周知の通りである。具体的には公立中学校の平均総費用は59,805円であり、私立中学校に目を移すと86,530円とさらに高額になる[5]（下表13-1）。

表13-1　修学旅行費内訳（生徒一人当たり）

（円）

		国立	公立	私立	全体
総費用		80,172	59,805	86,530	64,013
内訳	交通費	41,969	25,739	37,581	27,723
	（うちバス代）	8,936	8,400	10,272	8,680
	宿泊費	25,486	19,994	30,010	21,535
	体験学習費	4,966	3,627	4,806	3,820
	その他	7,694	9,974	13,849	10,497
1泊あたりの宿泊費		9,663	9,682	10,539	9,843

しかし、児童・生徒の中には家庭の経済的状況によって修学旅行費を払えず不参加となるケースはあるものの、不参加の理由の中ではそのようなケースは少数である。その理由は、「要保護児童生徒援助費補助金」として**国が経済的な支援を実施**しているからである。国による経済的支援が展開されている点から、修学旅行の教育的意義が認められていることが窺える。なお、不参加生徒（中学校）の理由として多くを占めるのは「学校不適応」（69.8%：1,519人）である[6]（右上図13-1、13-2）。

(4)、(5)、(6) 公益社団法人 日本修学旅行協会(2017)『教育旅行年報データブック2017』を参照した。なお、今日的な傾向として、新型コロナウイルスの感染防止を理由に修学旅行の実施を見送る学校や参加をしない生徒が一定数存在している（同上 (2021)『教育旅行年報データブック2021』)。図表については筆者作成。

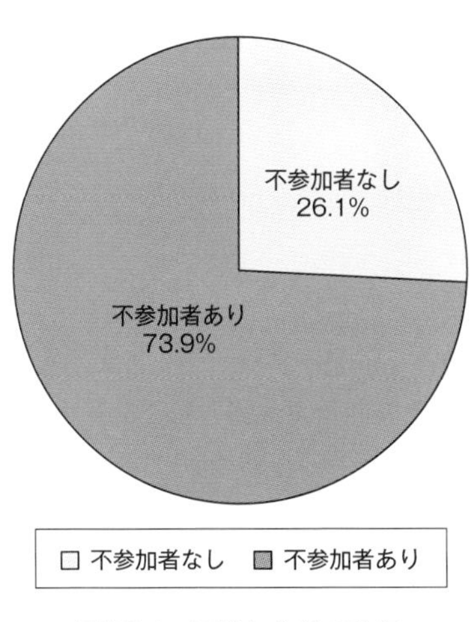

図13-1 不参加生徒の有無

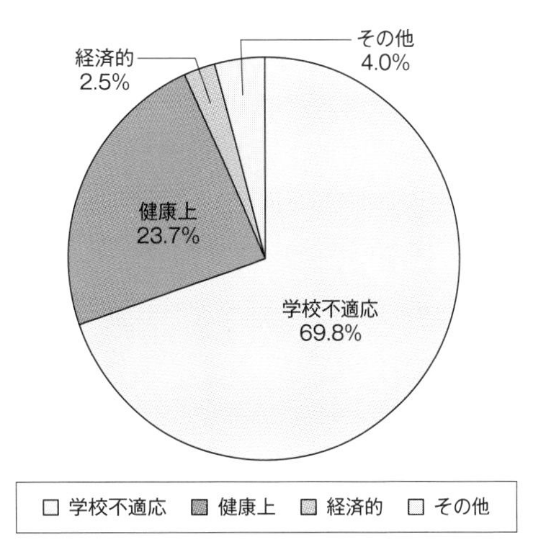

図13-2 不参加生徒数と理由

(3) 教育行政による統制

自然災害や外交問題等で修学旅行先の変更を余儀なくされるケースは時折発生するが、学校の決定に対して教育委員会が難色を示す事例が過去に起きている。たとえば、大阪のある中学校の沖縄・米軍基地への訪問に対して「公教育の中立」を根拠に教育委員会が行先変更を求めた事例が挙げられる（1998年4月28日、毎日新聞大阪版27頁)。教育行政による旅行先（内容）への統制とも受け取れ、ややもすると学校の自主的・主体的な教育活動を阻害する懸念も孕む難しい事例である。その一方で、修学旅行が利用される場合もある。2018年4月17日、福井照沖縄北方担当相が北海道根室市や羅臼町など北方領土周辺自治体に修学旅行を誘致するため、全国の中学校や高校の教員らを対象とした下見ツアーを実施すると発表している。その主たる理由は、「若い世代の北方領土問題の関心を喚起」するためだとされる。時の政治や外交情勢によって教育活動の一環である修学旅行は大きく影響を受ける場合もある。

以上の修学旅行をめぐる諸問題を踏まえ、そもそも修学旅行とは何なのか、旅行的行事とはどうあるべきなのか改めて考えていく必要があるだろう。

評価のポイント

・旅行（遠足）・集団宿泊的行事のねらい（目標）を説明することができる。
・修学旅行の歴史について理解している。
・修学旅行をめぐる諸問題について教師の立場から考えることができる。
・教師の立場から修学旅行の企画をめぐる問題点や危機対応について検討することができる。

（原北祥悟）

勤労生産・奉仕的行事

章のポイント

本章では、学校行事の一つである「勤労生産・奉仕的行事」について学ぶ。グローバル化や、人口減少・少子高齢化が進行し、多様化・複雑化している現代社会において、社会と関わる実体験の場である「勤労生産・奉仕的行事」の重要性は今後増していくと思われる。集団・社会の一員としての資質・能力の形成の場として、勤労の尊さ、生産の喜びの体得、社会奉仕の精神を養うために、どのような活動が必要とされるのか、考えていきたい。また、教育における「ボランティア」や「奉仕」の意味についても理解を深め、「勤労生産・奉仕的行事」を行う上での留意点をおさえる。

1 勤労生産・奉仕的行事のねらいと具体的活動例

勤労生産・奉仕的行事は、「勤労の尊さや生産の喜びを体得する」(小・中・高)ことを実施上のねらいとしており、「勤労観・職業観に関わる啓発的な体験」(中)、「職業観の形成や進路決定などに資する体験」(高)、及び「**社会奉仕の精神を養う体験**」(小・中・高)を得る機会として設けられている。

小学校、中学校、高等学校段階での目標・体験の内容が異なるのは、児童・生徒の**心身の発達の段階**を考慮した計画・実施が必要とされるためである(1)(2)。以下は、学校段階に応じた具体的な活動例である(3)。

小学校	中学校	高等学校
飼育栽培活動、校内美化活動、地域社会の清掃活動、公共施設等の清掃活動、福祉施設との交流活動	職場体験、各種の生産活動、上級学校や職場の訪問・見学、全校美化の行事、地域社会への協力や学校内外のボランティア活動	就業体験(インターンシップ)、各種の生産活動、上級学校や職場の訪問・見学、全校美化の行事、地域社会への協力や学校内外のボランティア活動等

さて、上述したような目的と具体的内容を以て行われる勤労生産・奉仕的活動は、実は戦後学習指導要領上での変遷を経て、現在のような位置づけ・あり方に至っている。

(1) 関連法規として、学校教育法第20条(「学齢児童又は学齢生徒を使用する者は、その使用によって、当該学齢児童又は学齢生徒が、義務教育を受けることを妨げてはならない。」)、学校教育法第50条(「高等学校は、中学校における教育の基礎の上に、心身の発達及び進路に応じて、高度な普通教育及び専門教育を施すことを目的とする。」)

(2) 尚、各学校段階に応じたキャリア発達課題に関しては、本書の「8章 学級活動(3) キャリア形成と自己実現」に記載されている表8-5に詳しい。

(3) 平成29年度版小学校学習指導要領解説:125頁、平成29年度版中学校学習指導要領解説:98頁、平成30年度版高等学校学習指導要領解説:93頁。

② 勤労生産・奉仕的行事の学習指導要領上の位置づけの変遷

1970年の学習指導要領改訂の際、「勤労・生産的行事」が中学校、高等学校において学校行事の一つに位置づけられた。当時の本行事では、「勤労の尊さや意義、創造することの喜びなどが体得できるとともに、職業についての啓発的な経験が得られるような活動にすること」が目指されていた。その後、1978年の改訂において、小学校、中学校、高等学校のすべての段階に「勤労・生産的行事」が取り入れられることとなった。森谷（1993）は、これは「子どもたちが生産や栽培の労働体験の機会を減じてきた事態への対応の一つ」であるとともに、1976年の「理科教育及び産業教育審議会」の「高等学校における職業教育の改善について」の分科会報告を受けたものと指摘している。このとき、高等学校に加えて小・中学校においても勤労に関わる体験学習の重視が叫ばれたことが、小学校を含めた全段階において「勤労・生産的行事」が実施されることとなった要因と考えられる(4)。

一方、「奉仕的行事」が学習指導要領上に位置付けられたのは、1989年の改訂の際である。これは、教育課程審議会が1988年12月に提出した答申の基本方針に「公共に奉仕する精神の涵養」等に関わる指導の一層の充実・改善が示されたことと関わっていると思われる。本答申を踏まえ改訂された学習指導要領では、学校行事に「社会奉仕の精神」を育成することをねらいとして「奉仕的行事」が加えられ、現在の「勤労生産・奉仕的行事」となった(5)。さらに、この改訂の際には、中学校、高等学校で「勤労生産・奉仕的行事」を職業や進路に関する**体験の場**へとさらに発展させることも視野にいれられた(6)。特に、**職場体験**や**就業体験**（**インターンシップ**）などの職業に関する体験学習は、この頃より重視されていく。

つまり、「勤労生産・奉仕的行事」は、改訂を重ねるなかで、その含意する活動や目標、及び対象を変化・拡大させてきた。特に近年の傾向としては、より将来における社会参画を意識する場となっているように思われる。新学習指導要領では、キャリア教育の重要性がさらに強調され、特別活動はその要として位置づけられている。今後、実際に社会参加を「なすこと」で社会の一員としての責任を担う体験の場である勤労生産･奉仕的行事への期待は､一層高まっていくと思われる。

さて､本章ではさらに､「奉仕的行事」に挙げられている「奉仕活動」及び「ボランティア活動」と、キャリア教育のなかでも「行事」として位置づけられる職場体験・就業体験について、理解を深めていくこととする。

（4）森谷宏幸（1993）「第2章「特別活動」の歴史」上杉孝實, 皇紀夫編『新・教職教養シリーズ第11巻　特別活動・教育実習』51-52頁。

（5）このとき、クラブ活動にも「奉仕的活動」が加えられた。

（6）高旗正人・倉田侃司編著（1995）「第4章　学校行事」『教職専門シリーズ⑦特別活動』、49頁。

③ 教育における「ボランティア活動」と「奉仕活動」

日本国内において「**ボランティア活動**」が広く関心を寄せられるようになったのは、1995年の阪神淡路大震災を契機としている。この時、「ボランティア活動」は、未曾有の大震災で生じた甚大な被害に対し、行政の対応が行き届かない状況下において、支援の一端を担った。その後も幅広い分野で実施されているボランティア活動は、今日の社会において重要な役割を果たしているといえる。

では、「奉仕」的行事としての「ボランティア」は、どのように捉えればよいのだろうか。仁平（2011）によれば、2000年の**教育改革国民会議**を端緒とし、教育とボランティアとは結びつきがさらに強められていったが、その動きのなかで「ボランティア」と「奉仕」という言葉が併用されるようになったという(7)。

教育改革国民会議の末、2000年12月に提出された「**教育を変える17の提案**」では、「奉仕活動」を義務化することが提案されていた(8)。これに対し、ボランティア関係者・関係団体から批判の意見が多く寄せられた。批判の内容は、大きく２つに大別できる。一つは、「義務化」への批判である。その主旨は、義務化された「奉仕活動」は、自発性を重視するボランティアとは異なり、強制的な要素を含むもので、生徒の自主性や主体性を育むことを阻害するといったものであった。もう一つは、「奉仕活動」そのものに対する批判であり、ボランティア活動が他者との相互学習的な関係を重視する一方で、奉仕活動では一方向的で非対等な関係に陥ってしまう、というものである(9)。

多くの批判を受け、「奉仕活動」の義務化は実現されなかったが、その後も教育分野における「奉仕活動」の重視は続いていく。2001年時の学校教育法・社会教育法の改訂では、条文のなかに社会奉仕活動の実施や推進に係る内容が組み入れられた。2002年には、中央教育審議会の「**青少年の奉仕活動・体験活動の推進方策等について**（答申）」においても、「他人に共感すること、自分が大切な存在であること、社会の一員であることを実感し、思いやりの心や規範意識をはぐくむことができる」とし、教育における社会奉仕活動の有用性が主張されている。ここでは、「奉仕活動」は、「「自分の時間を提供し、対価を目的とせず、自分を含め地域や社会のために役立つ活動」としてできる限り幅広く考える」とされている。つまり、ボランティアの主要な要素とされていた自発性、対等性、公共性、無償性等の要素が、「奉仕活動」にも含みこまれていったのである。この前後の学習指導要領においては、勤労生産・奉仕的行事の説明についても、「ボランティア活動など社会奉仕の精神を養う体験」と記されるようになっている。

以上を踏まえた際、学校における教育活動としての「ボランティア」や「奉仕」を、私達はどのように考えればよいのだろうか。少なくとも、「誰かの役に立つ行動をすること」や「目の前に困っている人がいたら助ける」ことそれ自体は間違ったことではなく、そのような行動・考え方は社会においても必要

（7）仁平典宏（2011）『「ボランティア」の誕生と終焉<贈与のパラドックス>の知識社会学』名古屋大学出版会、386-392頁。

（8）具体的な提言内容は、以下の３つであった。
①小・中学校では２週間、高校では１か月間、共同生活などによる奉仕活動を行う。その具体的な内容や実施方法については、子どもの成長段階などに応じて各学校の工夫によるものとする。
②奉仕活動の指導には、社会各分野の経験者、青少年活動指導者などの参加を求める。親や教師をはじめとする大人も様々な機会に奉仕活動の参加に努める。
③将来的には、満18歳前後の青年が一定期間、環境の保全や農作業、高齢者介護など様々な分野において奉仕活動を行うことを検討する。学校、大学、企業、地域団体などが協力してその実現のために、速やかに社会的な仕組みをつくる。

（9）代表的なものに、日本ボランティア学習協会の意見書（概要は佐藤一子（2001）によりまとめられている。佐藤一子（2001）「「青少年奉仕活動の義務化」批判－青少年の社会教育と奉仕活動」『教育』６月号、20頁）、日本福祉教育・ボランティア学習学会（2001）「奉仕活動の義務化」検討プロジェクト報告、「青少年の社会奉仕体験活動と福祉教育・ボランティア学習の課題」『日本福祉教育・ボランティア学習学会年報』第７巻、270-277頁。

不可欠なものであろう。難しいのは、それを「どのように教えていくのか」という点である。「誰のために」「何を目的として行うのか」を教師・児童生徒ともに考え、実施する必要性があると思われる。

4 職場体験活動と就業体験（インターンシップ）について

職場体験とは、「生徒が事業所などの職場で働くことを通じて、職業や仕事の実際について体験したり、働く人々と接したりする学習活動」[10]であり、公立中学校においてはほぼ全ての学校で実施されている。また、**インターンシップ**とは、「在学中に自らの専攻、将来のキャリアに関連し行う**就業体験**[11]」である。どちらも、直に社会に触れ、「働く」ことを経験できる貴重な体験活動の場であるといえる。これらの活動は、「教育的な意義が一層深まるとともに、高い教育効果が期待される」ことなどから、一定期間（例えば１週間（５日間）程度）にわたって行われることが望まれている。一方で、公立中学校において職場体験を実施している主たる学年の実施期間については、「５日」の実施校の割合（平成27年度）は12.5%であり、減少傾向にある[12]。また、就業体験についても、公立高等学校（全日制・定時制）の体験日数では２～３日が最も割合が高い[13]。さらに、公立高等学校（全日制・定時制）におけるインターンシップ実施率は81.8%であり、８割程度の学校で導入されている状況ではあるものの、公立高等学校（全日制・定時制）における学科別集計において、「在学中に１回でも体験した生徒の割合」は32.2%であり、全体の３分の１程度となっている[14]。これは、普通科よりも職業科の実施率が比較的高くなっていることに起因する。

このように、職場体験、就業体験はともにその意義は認められながらも、実施にあたっては、学校、学科間でその在り方に差が生じている。これは、日程の確保の難しさや、環境的制約の存在、受け入れ先への配慮といった諸々の事情が理由となっていると推測できる。もちろん、差が生じること自体が問題というわけではない。しかし、他の活動と比較してみても、「勤労生産・奉仕的行事」は特に児童生徒自身が社会の一員として学校外の人々と関わることのできる場であるからこそ、生徒にとって十分な活動時間・適切な活動内容を以て実施されることが望まれる。

(10)（11）はともに文部科学省による定義。職場体験の定義は、「第１章　職場体験の基本的な方考え方」『中学校職場体験ガイド』（文部科学省ＨＰ）、就業体験（インターンシップ）の定義は文部省、通商産業省、労働省の取りまとめである「インターンシップの推進に当たっての基本的考え方」から引用した。尚、本取りまとめにおける「インターンシップ」は大学生の実施を念頭に置いている。

(12)（13）（14）『平成27年度における職場体験・インターンシップ実施状況等（概要）』国立教育政策研究所生徒指導・進路指導研究センター、平成29年。
数値は全て平成27年度のもの。

評価のポイント

①勤労生産・奉仕的行事のねらいや具体例を把握している。
②「勤労生産・奉仕的行事」の学習指導要領上の変遷、及び実施上の目的を理解している。
③「ボランティア活動」、「奉仕活動」の在り方について、自分なりの考えを持つことができる。
④「勤労生産・奉仕的行事」の望ましい在り方を考えることができる。

（柴田里彩）

15 儀式的行事と国旗国歌の取り扱い

章のポイント

平成以降、特別活動では国旗国歌に関する指導について「入学式や卒業式などにおいては、その意義を踏まえ、国旗を掲揚するとともに、国歌を斉唱するよう指導するものとする。」と示され、国旗掲揚・国歌斉唱に関する指導が義務付けられてきた。

ここでは、学校における儀式的行事の変遷や意義、戦後学校教育における国旗掲揚・国歌斉唱に関する指導の取扱いについて関連する教科等の内容も含めて指導の全体像を把握した上で、儀式的行事における国旗掲揚・国歌斉唱に関する注意事項や関係法規について確認する。

1 儀式的行事の意義

わが国における学校行事に関する規定が定められたのは1891（明治24）年「小学校祝日大祭日儀式規程」に遡る[1]。

小学校祝日大祭日儀式規程（一部抜粋）
第一条　紀元節、天長節、元始祭、神嘗祭及新嘗祭ノ日ニ於テハ学校長、教員及生徒一同式場ニ参集シテ左ノ儀式ヲ行フヘシ（略）
二二学校長若クハ教員、教育ニ関スル　勅語ヲ奉読ス
三三学校長若クハ教員、恭シク教育ニ関スル　勅語ニ基キ　聖意ノ在ル所ヲ誨告シ又ハ歴代天皇ノ　盛徳　鴻業ヲ叙シ若クハ祝日大祭日ノ由来ヲ叙スル等其祝日大祭日ニ相応スル演説ヲ為シ忠君愛国ノ志気ヲ涵養センコトヲ務ム
四四学校長、教員及生徒、其祝日大祭日ニ相応スル唱歌ヲ合唱ス

戦後改革により国家と国民の関係は大きく変化し、それに伴い学校における儀式内容も大きく変化したが[2]、現在も儀式的行事のねらいとして「児童の学校生活に一つの転機を与え、児童が相互に祝い合い励まし合って喜びを共にし、決意も新たに新しい生活への希望や意欲をもてるような**動機付け**を行い、**学校**、**社会**、**国家**などへの**所属感**を深めるとともに、**厳かな機会**を通して集団の場における規律、気品のある態度を養う（平成29年版学習指導要領解説「特別活動編」より）」と規定しているように、「学校、社会、国家」との結びつきを示す機会となっている。

また、儀式的行事を通じて身に着けるべき資質・能力として、「儀式的行事の意義や、その場にふさわしい参加の仕方について理解し、厳粛な場におけるマナー等の規律、気品のある行動の仕方などを身に付けること」や、「新しい

（1）吉岡（1996）は、右記規程や国民学校令施行規則1条」（昭和16・1941年）を例に挙げ戦前の学校行事は、「国家の教育意志を個々の学校に、さらに学校を通じて家庭や地域社会に伝達・浸透させる役割を担ってきた」と述べている。（吉岡直子「判例における学校管理職の諸問題―学校行事運営と学校管理職―」九州大学教育経営教育行政学研究紀要、1996、第3号、109－119頁。）

（2）儀式的行事の内容としては入学式、卒業式、始業式、終業式、修了式、開校記念に関する儀式、教職員の着任式・離任式、新入生との対面式、朝会などが例示されている。

生活への希望や意欲につなげるように考え、集団の場において規則正しく行動することができるようにする」ことなどが挙げられている。

特に入学式・卒業式などについては「学級活動などにおける指導との関連」が重視されている他、「国旗掲揚、国歌斉唱」の必要性が示されている。次項においては、これらに関連する指導内容の変化を確認していきたい。

2　戦後学校教育における国旗掲揚・国歌斉唱の取扱いの変化

ここでは、戦後学習指導要領において国旗・国歌に関する指導がどのように示されてきたかを確認していきたい。

次頁の表15-1は、学習指導要領において国旗または国歌に関する記述を整理したものである。国旗及び国歌に関する内容が指導要領に表記されるようになったのは昭和33年版学習指導要領[(3)]以降である。

昭和33年版指導要領における規定では、「国民の祝日などにおいて儀式などを行う場合」に限られている。また、「指導することが望ましい」という表記されていることから、現在と比較すると強制力は弱いものといえよう。この他、各教科等では、社会科において国旗に関する理解と尊重の態度を育てること、そして国歌については、音楽科において「君が代」は発達段階に即した指導をすることが「望ましい」と学校行事等と同様の表現となっている。

昭和43年版においては、音楽の時間について校歌に関する記述が削除されているが、その他大きな変更は見られない。なお、この昭和43年版の指導要領までは、現在の「儀式的行事」という名称ではなく「儀式」と表記されている[(4)]。

昭和52年版においては、国旗に関する記述は変わらないが、それまでの「君が代」ではなく「国歌「君が代」」という表現に変化している[(5)]。

平成元年版学習指導要領[(6)]においては、特別活動においてはじめて「入学式や卒業式などにおいては、その意義を踏まえ、国旗を掲揚するとともに、国歌を斉唱するよう指導するものとする」と規定され、具体的な場面と指導義務が示されている。また、この指導要領は国際理解教育の推進の方針を受け、社会科の内容が見直され、国旗に関する指導が４学年、国旗・国歌に関する内容が６学年及び中学校公民分野にも追加されている。音楽においても「指導するものとする」から「指導すること」へと表記が変更されている。

平成10年版学習指導要領[(7)]は、教育内容の厳選が行われた年であったが、国旗・国歌に関する指導については削除の対象とならなかった。また、国歌に関する指導については、それまでの「発達段階に即して」という表現から「いずれの学年においても指導するものとする」と変更され小学校は全学年において指導することが義務付けられた。またこの改訂に端を発し、校長が自殺する事件が起きたことをきっかけに「国旗及び国歌に関する法律[(8)]」が制定され

（３）昭和33年版学習指導要領は、それまでの教員の手引書としての位置づけから法的拘束力を持つ国家的基準であることが示されている。

（４）内容については「入学式、卒業式、始業式、終業式、国民の祝日における儀式、朝会その他」とされており同様のものとなっている。

（５）なお、当時はまだ「君が代」を国歌とする法的根拠は存在しない。

（６）平成元年版学習指導要領は、中曽根総理大臣の諮問機関である臨時教育審議会答申に基づいて内容が構成されている。

（７）平成10年版学習指導要領は、「ゆとりの中で生きる力を育む」ことをスローガンに、教育内容の厳選・授業時数の削減を行っている。

（８）平成十一年法律第百二十七号　国旗及び国歌に関する法律
(国旗)
第一条　国旗は、日章旗とする。
日章旗の制式は、別記第一のとおりとする。
(国歌)
第二条　国歌は、君が代とする。
２　君が代の歌詞及び楽曲は、別記第二のとおりとする。

ている。

平成20年版学習指導要領では、国旗に関する内容は大きな変化はない。国歌に関する指導については、「歌えるよう指導すること」と規定されており、指導するだけではなく生徒の行動目標が具体的に示されている。

平成29年版学習指導要領は、変更されなかった。

このように、国旗・国歌に関する内容については学習指導要領の改訂を重ねるごとに社会科、音楽科と連動しながら強制力が高まってきたことがわかる。

表15-1　学習指導要領における国旗・国歌に関する記述の変遷

昭和33年版 学習指導要領	**【小学校】社会科** **〔第6学年〕** （3）（略）このような学習を通して、わが国の国旗をはじめ諸外国の国旗に対する関心をいっそう深め、これを尊重する態度などを養うことがたいせつである。
	音楽 第3　指導計画作成および学習指導の方針 ア（略）「君が代」は各学年を通じ児童の発達段階に即して指導するものとし、そのほかに校歌なども学年に応じて適切な指導をすることが望ましい。
	学校行事等 第3　指導計画作成および指導上の留意事項 5　国民の祝日などにおいて儀式などを行う場合には、児童に対してこれらの祝日などの意義を理解させるとともに、国旗を掲揚し、君が代をせい唱させることが望ましい。 【中学校】学校行事等 6　国民の祝日などにおいて儀式などを行う場合には、生徒に対してこれらの祝日などの意義を理解させるとともに、国旗を掲揚し、君が代をせい唱させることが望ましい。
昭和43年版 学習指導要領	**【小学校】社会科** （略）わが国の国旗に対する関心や、これを尊重する態度を深めさせるとともに、諸外国の国旗に対しても同じようにこれを尊重する態度が必要なことを考えさせるように配慮することが必要である。
	音楽科 「君が代」は、各学年を通じ、児童の発達段階に即して指導するものとする。
	特別活動（学校行事） （3）国民の祝日などにおいて儀式などを行なう場合には、児童に対してこれらの祝日などの意義を理解させるとともに、国旗を掲揚し、「君が代」を齋（せい）唱させることが望ましい。
昭和52年版	**【小学校】社会科** （3）内容の（3）のウ及びエについては、観念的、抽象的な指導に流れることのないように留意するとともに、これらの内容の取扱いにおいては、我が国や諸外国の国旗に対する関心やこれを尊重する態度を育てるように配慮する必要がある。
	音楽 国歌「君が代」は、各学年を通じ、児童の発達段階に即して指導するものとする。
	3　国民の祝日などにおいて儀式などを行う場合には、児童に対してこれらの祝日などの意義を理解させるとともに、国旗を掲揚し、国歌を齊唱（せいしょう）させることが望ましい。 **【中学校】** 4　国民の祝日などにおいて儀式などを行う場合には、生徒に対してこれらの祝日などの意義を理解させるとともに、国旗を掲揚し、国歌を斉唱（せいしょう）させることが望ましい。

<table>
<tr><td rowspan="3">平成元年版</td><td>【小学校】社会科
4学年
（2）内容の（5）の国土の位置の指導については、我が国の領土と近隣の諸国を取り上げるものとする。その際、我が国や諸外国には国旗があることを理解させるとともに、それを尊重する態度を育てるよう配慮する必要がある。
6学年
ア及びイについては、観念的、抽象的な指導にならないように留意し、正しい国際理解と世界平和への努力が大切であることを理解させるよう配慮すること。また、我が国の国旗と国歌の意義を理解させ、これを尊重する態度を育てるとともに、諸外国の国旗と国歌も同様に尊重する態度を育てるよう配慮すること。
【中学校】公民的分野
ウ　ウについては、「国家間の相互の主権尊重と協力」との関連で、国旗及び国歌の意義並びにそれらを相互に尊重することが国際的な儀礼であることを理解させ、それらを尊重する態度を育てるよう配慮すること。</td></tr>
<tr><td>音楽
（3）国歌「君が代」は、各学年を通じ、児童の発達段階に即して指導すること。</td></tr>
<tr><td>特別活動
指導計画の作成と内容の取扱い
3　入学式や卒業式などにおいては、その意義を踏まえ、国旗を掲揚するとともに、国歌を斉唱するよう指導するものとする。</td></tr>
<tr><td rowspan="3">平成10年版
学習指導要領</td><td>【小学校】社会科
〔第3学年及び第4学年〕
エ　人々の生活や産業と国内の他地域や外国とのかかわり
エについては、我が国や外国には国旗があることを理解させ、それを尊重する態度を育てるよう配慮すること。
〔第5学年〕
ア　アの「国土の位置」の指導については、我が国の領土と近隣の諸国を取り上げるものとすること。その際、我が国や諸外国には国旗があることを理解するとともに、それを尊重する態度を育てるよう配慮すること。
〔第6学年〕
エ　ア及びイについては、我が国の国旗と国歌の意義を理解させ、これを尊重する態度を育てるとともに、諸外国の国旗と国歌も同様に尊重する態度を育てるよう配慮すること。
【中学校】公民的分野
（ウ）「国家間の相互の主権の尊重と協力」との関連で、国旗及び国歌の意義並びにそれらを相互に尊重することが国際的な儀礼であることを理解させ、それらを尊重する態度を育てるよう配慮すること。</td></tr>
<tr><td>【小学校】音楽
（3）　国歌「君が代」は、いずれの学年においても指導すること。</td></tr>
<tr><td>【小・中・高】特別活動
3　入学式や卒業式などにおいては、その意義を踏まえ、国旗を掲揚するとともに、国歌を斉唱するよう指導するものとする。</td></tr>
<tr><td>平成20年版
学習指導要領</td><td>【小学校】社会科
〔第3学年及び第4学年〕
イ　エについては、我が国や外国には国旗があることを理解させ、それを尊重する態度を育てるよう配慮すること。
〔第5学年〕
ア　アの「主な国」については、近隣の諸国を含めて取り上げるものとすること。その際、我が国や諸外国には国旗があることを理解するとともに、それを尊重する態度を育てるよう配慮すること。</td></tr>
</table>

平成20年版 学習指導要領	〔第6学年〕 エ　ア及びイについては、我が国の国旗と国歌の意義を理解させ、これを尊重する態度を育てるとともに、諸外国の国旗と国歌も同様に尊重する態度を育てるよう配慮すること。
	音楽 （3）国歌「君が代」は、いずれの学年においても歌えるよう指導すること。
	特別活動 入学式や卒業式などにおいては、その意義を踏まえ、国旗を掲揚するとともに、国歌を斉唱するよう指導するものとする。
平成29年版 学習指導要領	**【小学校】社会科** 〔第3学年〕 ウ　イの（イ）については、我が国や外国には国旗があることを理解し、それを尊重する態度を養うよう配慮すること。 〔第4学年〕 イ　国際交流に取り組んでいる地域を取り上げる際には、我が国や外国には国旗があることを理解し、それを尊重する態度を養うよう配慮すること。 〔第5学年〕 ウ　イの（ア）の「主な国」については、名称についても扱うようにし、近隣の諸国を含めて取り上げること。その際、我が国や諸外国には国旗があることを理解し、それを尊重する態度を養うよう配慮すること。 〔第6学年〕 ア　アについては、我が国の国旗と国歌の意義を理解し、これを尊重する態度を養うとともに、諸外国の国旗と国歌も同様に尊重する態度を養うよう配慮すること。
	音楽 （5）国歌「君が代」は、いずれの学年においても歌えるよう指導すること。
	特別活動 3　入学式や卒業式などにおいては、その意義を踏まえ、国旗を掲揚するとともに、国歌を斉唱するよう指導するものとする。

3 儀式的行事における国旗・国歌に関する制度と実際

平成30年現在、儀式的行事における国旗・国歌に関する指導について整理すると、「教員は、法的拘束力を持つ学習指導要領における表記を根拠に国旗及び国歌に関する法律で定められた日章旗の掲揚及び君が代斉唱に関する指導を行わなければならない」といえる。平成29年版学習指導要領解説（特別活動編）では、入学式・卒業式における国旗・国歌に関する指導については、「国際化の進展に伴い、日本人としての自覚を養い、国を愛する心を育てるとともに、児童が将来、国際社会において尊敬され、信頼される日本人として成長していくためには、国旗及び国歌に対して一層正しい認識をもたせ、それらを尊重する態度を育てることは重要なことである。」としており、教育基本法第2条に掲げる教育の目標の内容との関連させるねらいがある。

また、入学式・卒業式以外の儀式的行事における国旗・国歌の指導についても確認しておきたい。学習指導要領解説においては「全校の児童及び教職員が

【資料①】「国旗及び国歌に関する法律」制定時の内閣総理大臣の談話（1999年8月9日）

本日、「国旗及び国歌に関する法律」が成立いたしました。

我が国の国旗である「日章旗」と国歌である「君が代」は、いずれも長い歴史を有しており、既に慣習法として定着していたものでありますが、21世紀を目前にして、今回、成文法でその根拠が明確に規定されたことは、誠に意義深いものがあります。

国旗と国歌は、いずれの国でも、国家の象徴として大切

一堂に会して行う行事としては、始業式、終業式、運動会、開校記念日に関する儀式などがあるが、これらの行事のねらいや実施方法は学校により異なっている。」ことを踏まえて「他の儀式的行事における指導については、各学校がその実施する行事の意義を踏まえて判断するのが適当である」としている。

近年は、オリンピック開催を見据えて国際社会における自国の理解を深めることをねらいとして学校での国旗・市旗・校旗の常時掲揚（福岡市等）を行っている自治体や、学習指導要領の趣旨を踏まえ、教職員による国歌斉唱を条例に定めている自治体（大阪府）も存在する。

教職員に対する国歌斉唱時の起立斉唱等についての校長の職務命令は、平成24年1月の最高裁判決において合憲であることが確認されている。他方で判例が示すように、その処分内容等については議論の余地がある。

学校での国旗、市旗、校旗の常時掲揚について

Ⅰ　学校での国旗等の常時掲揚についての考え

◎国際化が加速する中で、日本人に国際社会の一員としての自覚がさらに求められる状況下、将来、子どもたちが国際社会において尊敬され、信頼される日本人として成長していくためには、自国の国旗に対して正しい認識を持たせ、尊重する態度を育てることが必要である。
◎福岡市は、平成24年12月に「第９次福岡市基本計画」を策定し、『人と環境と都市活力の調和がとれたアジアのリーダー都市』をめざすとともに、アジア・世界の中の福岡という視点をもって、世界に羽ばたき行動する国際人を育てるために、国際教育を推進している。
◎自国でのオリンピックの開催決定により、今後、自国だけでなく諸外国の国旗を目にする機会が増える。自国の国旗と同様に諸外国の国旗を尊重する態度を育てることも必要である。
◎これらのことを踏まえ、学校に国旗等を常時掲揚し、日頃から国旗等に慣れ親しみ自発的に尊重する態度が育つような環境づくりに努める。

福岡市学校での国旗・市旗・校旗の常時掲揚について

http://www.city.fukuoka.lg.jp/data/open/cnt/3/41793/1/260311-001.pdf

入学式、卒業式等における国旗掲揚及び国歌斉唱について（東京都教育委員会通知）

（略）

学校においては、様々な教育活動が行われているが、特に、入学式や卒業式は、学校生活における重要な節目として、全校の児童・生徒及び教職員が一堂に会して行う教育活動であり、厳粛かつ清新な雰囲気の中で、学校、社会、国家など集団への所属感を深める上で貴重な教育の機会である。こうした意義を踏まえ、入学式、卒業式等においては、国旗を掲揚するとともに、国歌を斉唱するよう指導することが、学習指導要領に示されており、このことを適正に実施することは、児童・生徒の模範となるべき教員の責務である。

に扱われているものであり、国家にとって、なくてはならないものであります。また、国旗と国歌は、国民の間に定着することを通じ、国民のアイデンティティーの証として重要な役割を果たしているものと考えております。

今回の法制化は、国旗と国歌に関し、国民の皆様方に新たに義務を課すものではありませんが、本法律の成立を契機として、国民の皆様方が、「日章旗」の歴史や「君が代」の由来、歌詞などについて、より理解を深めていただくことを願っております。

また、法制化に伴い、学校教育においても国旗と国歌に対する正しい理解が促進されるものと考えております。我が国のみならず他国の国旗と国歌についても尊重する教育が適切に行われることを通じて、次代を担う子どもたちが、国際社会で必要とされるマナーを身につけ、尊敬される日本人として成長することを期待いたしております。

【資料②】

広島県立高校 校長の自殺事件

卒業式において国旗・国歌の取扱いの徹底を求める教育委員会と、それに抵抗する教職員組合の板挟みとなった広島県立世羅高校の元校長が、1999年に自殺した。国旗・国歌の取扱いの徹底は、1998年に行われた文部省（当時）による是正指導に端を発するものであった。この自殺を契機に、「国旗及び国歌に関する法律」の制定がすすめられることとなった。校長の自殺は、のちに公務災害に認定されている。同時期に福岡、北海道などでいくつかの法的紛争が生じている。

国旗・国歌に関する指導計画（北海道の例）

【卒業式の指導計画例】

学年（時数）	項　目
3年（1）	<学年練習> ・式の目的、意義 ・参加の心構え ・礼法指導
3年（1）	<学年練習> ・全体の流れ確認 ・国旗・国歌について ・合唱練習
1，2年（1）	<学年練習（合同）> ・式の意義・目的、心構え ・礼法指導 ・国旗・国歌について ・合唱練習
3年（3）	<学年練習> ・礼法、隊形確認 ・入退場練習 ・卒業証書授与指導 ・合唱練習
1，2年（3）	<学年練習（合同）> ・全体の流れ確認 ・隊形確認 ・礼法指導 ・合唱練習
全学年（2）	<全校練習> ・参加の心構え ・全体の流れ確認 ・国旗・国歌について ・全校合唱練習
全学年（2）	<総練習> ・通し練習 ・合唱練習 ・卒業式に向けて
全学年	卒業式

全学年　全校練習（1／2校時）

学習活動（分）	教師の指導と留意点
1　本時の目標の把握(5)	○　学校生活における卒業式の意義や卒業生、在校生それぞれの参加の心構えを想起させ、全体練習の目標を設定する。
2　国旗の掲揚及び国歌の斉唱の意義についての理解(5)	○　国旗・国歌に対する正しい認識をもたせ、儀式にふさわしい態度と行動の在り方を理解させる。
3　礼法についての理解と練習(15)	○　拍手、座り方、座礼の仕方等について説明する。
4　国歌斉唱、校歌斉唱の練習(20)	○　国歌は、音楽科の指導と関連させ、次の点に留意して指導する。 （第1学年）歌詞の内容を考え歌うこと。 （第2・3学年）歌詞の内容を考え表現を工夫して歌うこと。
5　振り返り（5）	○　礼法及び国歌斉唱、校歌斉唱を振り返り、よかった点、改善点を考えさせる。

全学年　全校練習（2／2校時）

学習活動（分）	教師の指導と留意点
1　本時の目標の把握(5)	○　前時の振り返りを踏まえ、本時の目標を設定する。
2　式の流れと礼法の理解と練習(20)	○　拍手や座礼の動きなどを実際に行いながら、卒業式の流れを説明する。
3　国歌斉唱、校歌斉唱の練習(20)	○　国歌は、音楽科の指導と関連させ、前時に示した視点を踏まえて指導する。
4　振り返り（5）	○　全体練習の取組について振り返り、総練習に向けた改善点を考えさせる。 ○　本時の学習のまとめをする。

入学式や卒業式など儀式的行事を行う場合には、自己の将来に希望を抱くなど学級活動等における指導との関連を図って、それらの行事の意義が児童生徒に理解できるようにすることが大切です。

○大阪府の施設における国旗の掲揚及び教職員による国歌の斉唱に関する条例

平成二十三年六月十三日　大阪府条例第八十三号

（目的）

第一条　**この条例**は、国旗及び国歌に関する法律（平成十一年法律第百二十七号）、教育基本法（平成十八年法律第百二十号）及び学習指導要領の趣旨を踏まえ、府の施設における国旗の掲揚及び教職員による国歌の斉唱について定めることにより、府民、とりわけ次代を担う子どもが伝統と文化を尊重し、それらを育んできた我が国と郷土を愛する意識の高揚に資するとともに、他国を尊重し、国際社会の平和と発展に寄与する態度を養うこと並びに府立学校及び府内の市町村立学校における服務規律の厳格化を図ることを目的とする。

（定義）

第二条　**この条例**において「府の施設」とは、府の教育委員会の所管に属する学校の施設その他の府の事務又は事業の用に供している施設（府以外の者の所有する建物に所在する施設及び府の職員の在勤する公署でない施設を除く。）をいう。

2 この条例において「教職員」とは、府立学校及び府内の市町村立学校のうち、学校教育法（昭和二十二年法律第二十六号）第一条に規定する小学校、中学校、義務教育学校、高等学校及び特別支援学校に勤務する校長、教員その他の者をいう。

（平二八条例六〇・一部改正）

（国旗の掲揚）

第三条 府の施設においては、その執務時間（地方自治法（昭和二十二年法律第六十七号）第二百四十四条第一項に規定する公の施設にあっては、府民の利用に供する時間）において、その利用者の見やすい場所に国旗を掲げるものとする。

（国歌の斉唱）

第四条 府立学校及び府内の市町村立学校の行事において行われる国歌の斉唱にあっては、教職員は起立により斉唱を行うものとする。ただし、身体上の障がい、負傷又は疾病により起立、若しくは斉唱するのに支障があると校長が認める者については、この限りでない。

2 前項の規定は、市町村の教育委員会による服務の監督の権限を侵すものではない。

評価のポイント

- 歴史的な変遷を踏まえ、儀式的行事の意義について理解し、自身の考えを持っている。
- 特別活動及び教科における国旗・国歌に関する指導内容との関連を理解している。
- 国際社会との関係を踏まえ、学校における国旗・国歌の指導の在り方について自分の考えを持ち、説明することができる。

（日髙和美）

16 儀式的行事と学校文化

章のポイント

本章では儀式的行事の積極的側面に目を向け、その意義を考える。学校の特色があらわれる儀式的行事は、その学校の教育活動の集大成といっても過言ではない。また、儀式的行事は学校文化を創造・変革する有効な方法のひとつであり、実践の創意工夫を通して指導の効果を向上する可能性に富んだものである。決まりきったものを実施するという意識で行事精選時の削減候補とするのではなく、児童・生徒の参画や他の行事との関連など、新たな状況に対応した儀式的行事の在り方を模索することが求められている。

1 儀式的行事を通した「変化」や「折り目」

学習指導要領では、儀式的行事の内容として「学校生活に有意義な変化や折り目を付け、厳粛で清新な気分を味わい、新しい生活の展開への動機付けとなるようにすること」が挙げられている。この「変化や折り目」とは、たとえば行事をきっかけに新たな人間関係が生まれ、生き生きと学校生活を送れるようになることや、欠席がちだった児童生徒が新学期をきっかけに学級に復帰するといったことが考えられるだろう。また、「新しい生活の展開への動機付け」としては、休業期間明けなどに気持ちを引き締めさせることや、行事を契機として立ち止まって学校生活を見直すとともに、自分なりの目標を改めて設定することなどが考えられる。特に学校を離れて始まる「新しい生活」を前にした卒業式や離任式は出席者全員にとって深く思い出に刻まれるものともなる。

学校外の生活と同様、学校での日々も教科の授業などの日常（いわゆる「ケ」）と、学校行事などの非日常（いわゆる「ハレ」）とで構成されているという見方をすれば、儀式的行事もハレの場のひとつであると考えられる[1]。

(1) そもそも、「ハレ」という概念自体が折り目や節目という意味を含んだものである。

2 学校文化の形成

ところで、前章のワークで取り組んだとおり、同じ儀式的行事（たとえば卒業式）であっても、各人の思い出は千差万別である。これは、学校ごとに実施計画や方法が異なっていること、それまでに積み重ねられてきた様々な行事（送辞や答辞などで振り返られる思い出）が異なっていることなど様々な要因によるだろう。ひとつの学校が実施するいくつもの学校行事の成果が児童生徒の変容と学校の雰囲気を醸しだし、その学校の文化や伝統を創っていくのである。

儀式的行事の効果は、日常の環境整備や教育活動の積み重ねにより大きく変わるといっても過言ではない。しかし、このような日常の積み重ねは、その学校の「当たり前」として児童生徒や教師、保護者、地域住民などに認知されているため、意識的にその効果を見出すことは難しいかもしれない。

前述のような学校の「当たり前」を想起するために自身の通った学校のシンボルを考えてみよう。大庭茂美氏は「学校文化の四つの小道具」として校歌・校旗・校章・校訓を挙げている(2)。これらの中には学校の環境、目指すべき子ども像などが盛り込まれ、校舎の内装、制服の刺繍などに使われるとともに、儀式的行事でもよく触れられるものである。このようなシンボルを身に着けることで、学校の一員になったという思いを抱く児童生徒もいるだろう。ある有名進学校に入学した生徒へのインタビューでは、以下のような語りが得られている。

> 最初入学してきたときには、この制服とかね、自転車に貼った学校の『六光星』が入ったシールとかを見てくれないかなと思いましたね。入学したのがうれしかったし、少し、自慢したかったんですね。(3)

また、**学校文化**の影響は生徒や教師の行動様式にまで及ぶ場合がある。先述のインタビューでは、校舎の雰囲気から廊下を走らないという規範が自然と生まれていることがうかがえる記述がある。

> 玄関に入ると背がピシッと伸びる感じで。あんまり走り抜けるところじゃないんでね。(中略) 外から入るところに、履物をお拭きくださいと書いてるじゃん。思わずはいはい分かりましたと泥を落として入りたくなってしまいそうやね。(4)

このように学校の特色が文化として生徒の内面に蓄積されていくとともに、保護者や学校を訪れる地域住民などにも共有されていく。文化にはプラスに働く面だけでなくマイナス面も考えられる(5)。マイナスに働く面が大きいと思われるものは、行事を改めるなど適宜見直しを図ることが重要である。

3 校長講話を通した学校文化の創造

学校文化の創造や変革を行うには様々な方法があるが、儀式的行事での講話を通して直接語り掛けるという方法は有効なもののひとつになりえる。そのためには児童生徒、そして教職員の心を動かす内容であることが必要である(6)。

また、講話の内容を共有し、職員一体となって同一のメッセージを伝えることが効果を高めることにつながる(7)。講話で伝える予定の内容に関連した劇を計画し、同じ式のプログラムに組み入れることや、校長講話の内容に連動した掲示物を担当する委員会などで作成し、全校に呼びかけることなどが考えられる。さらに、教科指導や学級活動(ホームルーム活動)等の中で学級の実態や発達段階を踏まえつつ、講話に関連した内容を噛み砕いて指導することで一

(2) 大庭茂美 (1999)「校歌・校訓・校章の研究(4)—沖縄県内の小学校を中心として—」『九州教育学会紀要』第27巻、pp.221-228によれば、学校文化の四つの小道具の関係は以下の図のようになっているとされる。

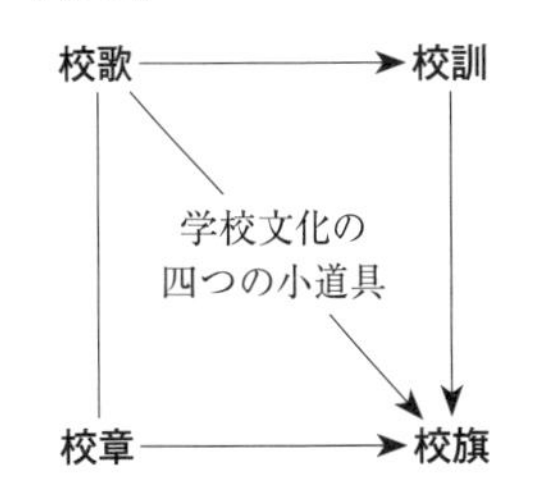

また、校章には以下のようなパターンがある。

- 文字(方角や地名などの漢字を図案化)
- 自然(山、波、光、植物、翼などの図案化)
- 事物(ペン、旗、リボン、バットなどの図案化)

(3) 黄順姫 (1998)『日本のエリート高校—学校文化と同窓会の社会史—』世界思想社、p.86。

(4) 前掲、黄順姫『日本のエリート高校』p.92。

(5) 国立教育政策研究所教育課程研究センター (2016)『学校・学級文化を創る特別活動【中学校編】』p.93。

(6) 市販の講話集を参考に「さほど親しくない部下の結婚式の主賓に招かれた人がスピーチ集にたよる場合と大差ない」校長講話が行われ、聞き手が「儀礼的な時間が経過するのを心待ちにするだけ」となる場合もあり、その場合は効果が期待できない(千々布敏弥 (1998)「校長のリーダーシップにおける講話の意義」中留武昭編著『学校文化を創る校長のリーダーシップ—学校改善への道—』エイデル研究所、pp.192-197)。

（7）儀式的行事は学校構成員全体が集まることが多いため、生徒のみならず教職員に対しても校長の考えを共有化する機会となりうる。また、校長の持つ言語化できないような指導テクニック（暗黙知）を伝達することも可能である（前掲千々布敏弥「校長のリーダーシップにおける講話の意義」p.194参照）

（8）『中学校学習指導要領解説 特別活動編』2017年、p.92

（9）また、これらの側面だけでなく、児童・生徒の参加態度が式に出席した外部関係者による学校への評価につながる点からも儀式的行事の準備は重要である。（前掲国立教育政策研究所教育課程研究センター『学校・学級文化を創る特別活動【中学校編】』、p.96）

（10）『中学校学習指導要領解説 特別活動編』2017年、p.105

貫した取り組みとすることができるだろう。中学校学習指導要領解説にも、以下のような記述がある。

> 儀式的行事は学校の教育目標との関連を図り、実施する個々の行事のねらいを明確にし、行事を通して育成する資質・能力を系統的・発展的に整理するなどの配慮が必要である。また、これを生徒に十分に理解させるとともに、できる限り生徒会と連携し、生徒にいろいろな役割を分担させ、使命感や責任感の重要さについての自覚を深める機会とする。(8)

4 儀式的行事実施上の留意点

儀式的行事を実施するにあたっては、行事のねらいや評価の観点を明確にしたうえで、きめ細やかな事前･事後指導を組織的に実施することが求められる。儀式的行事の教育効果は、生徒の参加意欲とその儀式から受ける感銘の度合いに左右される。また、行事を主体的に受け止め、自己の生活改善のきっかけにできるよう、事前の準備の段階からの指導の工夫が必要である(9)。

このためには、学校の実態を考慮したうえで、儀式的行事を特別活動の全体計画や年間指導計画に適切に位置付けておかなければならない。時間の確保、教育効果の向上のため、「行事及びその内容を重点化するとともに、各行事の趣旨を生かした上で、行事間の関連や統合を図るなど精選して実施すること」が求められている。儀式的行事に関係するところでは「儀式的行事の教職員の離任式において、合唱祭の成果を生かして、生徒の合唱曲を披露するなどの関連」(10)などが挙げられる。

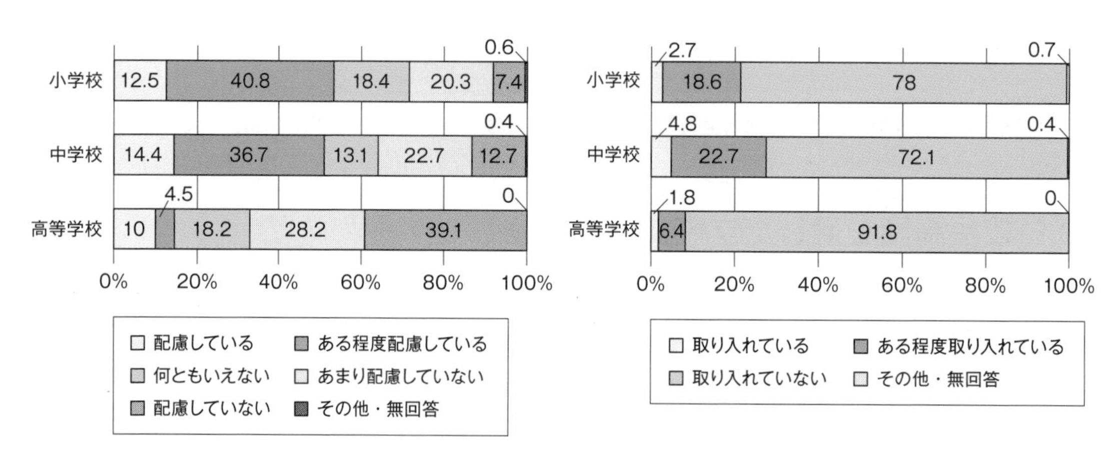

図16-1 「儀式的行事の企画立案に、児童・生徒の意見や要望を取り入れていますか。」

図16-2 「儀式的行事の実施に当たって、児童・生徒が中心になって活動できるように配慮していますか」

茨城県教育研修センター『望ましい特別活動の指導の在り方』（研究報告第25号）1998年、http://www.center.ibk.ed.jp/contents/kenkyuu/houkoku/data/025/index.htmより作成

5 児童・生徒の参画

儀式的行事の効果を高めるために、児童・生徒が積極的に参画できるようにすることが望ましい。しかしながら、実施時期や内容の特殊性などの要因で、図16-1、図16-2に示すように儀式的行事は教師主導で行われる傾向がある。

児童・生徒の参画にあたっては、生徒の立場に立った配慮が求められる。たとえば準備で過剰な負担を強いていないか、分担が偏っていないかなどの点に目を配る必要があるだろう。儀式的行事は学期の始めや終わりなどあわただしい時期に行われることが多いため、十分な準備時間が確保されているかについても確認する必要がある(11)。

(11) 昼休みなどに臨時の準備時間を設定するだけにとどまらず、あらかじめ準備時間を想定して全体計画に位置付ける等の工夫が必要となる場合があるだろう。

6 儀式的行事の評価

儀式的行事の評価の観点および評価規準の例を表15-1に示す(12)。特別活動の評価の観点は各学校で定めるものとされており、評価規準についても学校の実態や育成したい資質・能力に応じ、作成の手順を踏まえて設定することが必要である。

(12) 国立教育政策研究所教育課程研究センター(2020)『「指導と評価の一体化」のための学習評価に関する参考資料』中学校特別活動編、p.34。

表16-1 学校行事「(1)儀式的行事」の評価規準例

よりよい生活を築くための知識・技能	集団や社会の形成者としての思考・判断・表現	主体的に生活や人間関係をよりよくしようとする態度
儀式的行事の意義や、その場にふさわしい参加の仕方について理解している。 規律や気品のある行動の仕方などを身に付けている。	学校生活の節目の場において先を見通したり、これまでの生活を振り返ったりしながら、新たな生活への自覚を高め、気品ある行動をしている。	厳粛で清新な気分を味わい、行事を節目として、見通しをもったり振り返ったりしながら、新たな生活への希望や意欲につなげようとしている。

7 儀式的行事の動向

2020年からの新型コロナウイルス感染症の流行は、儀式的行事の在り方に大きな影響を及ぼした。感染拡大防止の観点から、プログラムの精選や参加人数の制限が求められることとなり、校歌斉唱や来賓参加が取りやめとなるなど儀式的行事の意義に関わる影響が生じている。また、始業式や終業式は校内放送などを介して非対面で実施されることも珍しくなくなった(13)。

他方で、ICT環境の整備が進んだことにより、ウェブ会議システムを併用したハイブリッド方式での開催や家庭への配信など、新たな取り組みも行われるようになりつつある。本章で取り扱った儀式的行事の趣旨や目的がより高い水準で達成されるよう、日々変化する状況にあわせて実施方法を絶えず見直すことが求められている(14)。

(13) 始業式や終業式は、以前から2学期制の導入により実施回数の縮減と授業時数の確保が試みられてきた経緯がある。文部科学省による調査結果によれば、図16-3に見るように2010年代を通して約2割の学校で2学期制が採用されている。

(14) 本章では詳述できなかったが、障害のある児童生徒や海外から帰国した児童生徒など総則記載の「特別な配慮を必要とする児童(生徒)」への対応に加え、性的マイノリティの児童生徒への配慮なども儀式的行事を実施するうえでの検討課題となってくるだろう。

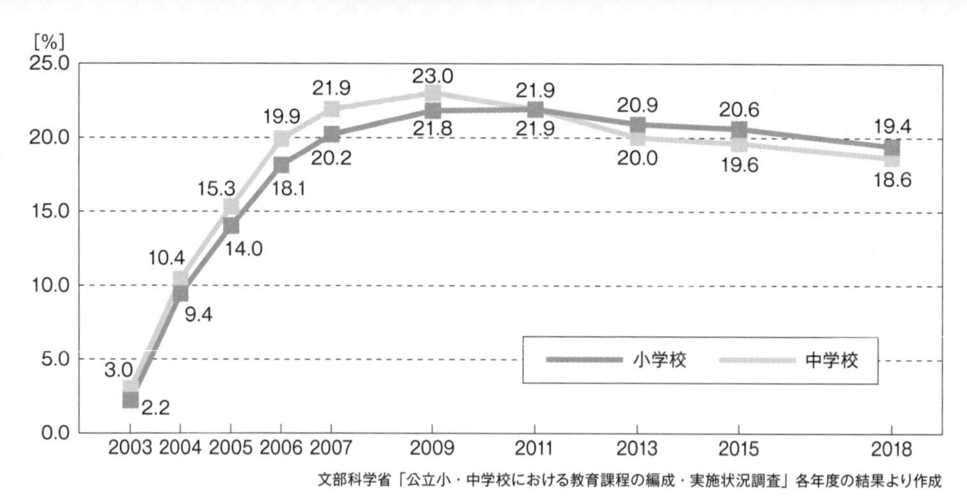

図16-3　2学期制を導入している公立小・中学校の割合

演習

1　小・中・高の自分の学校生活を振り返って、特徴的だったもの（校訓、校歌、校舎の設備、講話などでよく取り上げられていた卒業生、神話や伝説、代々受け継がれてきた行事など）を思い出してみましょう。そして、それは生徒たちの行動や学校の雰囲気にどのような影響をもっていたでしょうか。

例）とある高校では、体育祭が終わった後、３年生が水を掛け合う慰労会が開かれる伝統がある。しかし、それは学年別対抗戦で３年生が優勝したときのみ許されるものである。

→水の掛け合いを実現するために真剣に取り組む態度が養われる。また、学年別対抗戦により学年の結束が強まり、卒業後の活発な同窓会活動につながっている。

2　始業式の直後から授業を行う学校や、２学期制の導入で休業期間明けに始業式がない学校があります。これについてあなたはどう考えますか。次ページの新聞記事を参考に考えをまとめてみましょう。

3　学校行事を通して学校文化を創る際に重要な点はどのような点にあると思いますか。校長講話の実例を参考にしながら、考えをまとめてみましょう。

評価のポイント

儀式的行事に関する法令、近年の動向、儀式的行事のもつ積極的意義について理解し、学校の教育活動の中で適切に位置付けて指導することができるようになる。

学校文化について理解し、自身の経験やボランティア先の学校の様子などの中からそれを読み取ることができる。

儀式的行事を通した学校文化の創造について考え、職責に応じた教育実践を構想することができる。

（金子研太）

参考資料１　**３学期制20年度に復活　大村市教委決定［長崎県］**

（2018/02/09　西日本新聞朝刊）

大村市教育委員会は８日の定例会で、市内の小中学校に導入している前・後期の２学期制を改め、2020年度から全校一斉に３学期制に戻す方針を決めた。児童の学習意欲の継続などを理由に「３学期制が望ましい」とした有識者委員会の答申を尊重した。20年度に移行する場合、同市での３学期制復活は15年ぶり。

２学期制は02年の学校週５日制導入などを機に全国に拡大。始業式などの行事を減らすことで授業時間数を確保するなどのメリットがあるとされ、大村市も06年度に導入した。だが近年は京都市が今年４月から３学期制を復活させるなど“揺り戻し”もあり、県内では大村市以外で唯一、全校に２学期制を導入している佐世保市も１月下旬に検証委員会を設置、制度を継続するか議論を始めた。

大村市では16年に実施した保護者、教員らのアンケートで３学期制支持（36％）が２学期制支持（29％）を上回り、有識者委も昨年12月に「３学期制の方が目標を明確に持つことができる」と答申。この日の定例会では５人の委員全員が答申を支持した上で、事務局が提案した20年度移行のスケジュールを了承した。ただ、３学期制復活は学校現場の負担増につながるとの指摘があり、委員の一部からは「移行までの２年間に教員の働き方改革も進めるべきだ」という意見もあった。

参考資料２　**２学期制に再び注目 福岡県の小中学校で導入が増加**
授業数確保、教員負担減狙う

（2018/04/02　西日本新聞朝刊）

2002年度に完全実施された学校週５日制などを契機に拡大した２学期制が、福岡県内の公立小中学校で再び注目されている。導入校数は一時減少に転じたが、15年度から再び増え、18年度も福岡市、那珂川町で増加する。20年度からの新学習指導要領の実施に伴い授業数増が見込まれるのに備え、教員の負担減を図る狙いもある。

「教員が児童に向き合う時間が増え、けがやけんかによる病院の搬送件数が減った」。17年度に２学期制を始めた県内のある小学校校長は意義を強調する。２学期制か３学期制かの選択は、市町村教育委員会や各校の裁量に任されている。

２学期制の利点は、終業式と始業式が少ない分だけ授業時間を確保でき、通知表の作成回数減などで教員にゆとりが生まれることなどがある。この小学校では、通知表のための児童の評価回数が減る分、保護者と教員の面談回数を２回に増やし、国語、算数、理科、社会のテスト結果などを使い児童の状況を説明しているという。校長は「学校の“手抜き”と思われないためにも、保護者の理解を得る説明が大切」と話す。

福岡県教委によると、県内の公立小中学校の２学期制導入校は、03年度の３校からほぼ年々増加し、12〜13年度は122校。14年度には120校に減ったが、15年度から再び増加し、17年度は県内の13％に当たる138校になった。18年度はさらに福岡市で７校、那珂川町で６校増える。

文部科学省によると、全国平均では07年度に20％に達し、以降も15年度まで同水準を保っており、福岡県内の導入割合は全国より低い。それでも福岡県小学校長会が実施した17年度の調査では、導入済みの全97校が肯定的な意見を寄せるなど、20年度からの新学習指導要領実施に向け、今後も増えていく可能性がある。

２学期制を取り入れる小学校長の一人は「18年度からは道徳が教科化されるし、卒業を控える６年生の３学期は特に授業時間の確保が難しい。適切に全教科を評価する上でも２学期制が有効」と話している。

一方、10年以上にわたり全小中学校で２学期制を続けてきた長崎県大村市は、20年度から３学期制に戻す予定。２年前の調査で教員の70％が２学期制を支持したものの、通知表の回数が減ることへの不満などから保護者は25％にとどまり、38％が３学期制を支持した。同市教委は、他地域は３学期制が多く、各種大会での日程調整が難しいといった問題も考慮したという。

17 総合的な学習（探究）の時間の意義

章のポイント

本章では、日本の教育課程における「総合的な学習の時間」の導入過程を、戦前における「自由教育」の展開から戦後学習指導要領の変遷を踏まえて検討し、その意義と目的を理解する。また、高等学校における「総合的な探究の時間」の目標と意義について、総合的な学習の時間のそれと比較・検討し、これから求められる探究活動の在り方について考える。

1 「自由研究」の模索

1872（明治５）年の学制発布により、日本では近代的な学校教育が始まった。伝統的な学問の系統に則した一斉的な授業が始動する一方、教授法においては実物教授や直観教授、開発教授と呼ばれる手法を取り入れた教育活動が活発化していった。明治初期の文部省は、諸外国の教授法の受容に努め、実物や実地の観察・経験をもとに、子どもたちの身近な具体から学習を展開しようと意図していた。しかし、国定教科書を中心として教育内容が統制化され、学習する内容としての教科や教育課程の在り方に関する本格的な検討までには至らず、あくまで系統主義に基づく教科の中での教授法の模索にとどまる限界があった[(1)]。

明治後期（1900年～1911年）から大正期（1912年～1926年）に至る時期は、いわゆる「大正自由教育」が展開された時期と呼ばれる。この時期は、教授法の模索にとどまらず、それまでの前近代的な画一主義教育から近代的な教育への脱皮を図り、学校教育において人格と子どもの生活を重視することを目指すようになった[(2)]。そこで、教育内容や教科、教育課程の在り方について全国各地で活発な実践と研究が行われた[(3)]。この時期に各地で行われた教育実践の中で、奈良女子高等師範学校附属小学校の「合科学習」による先駆的な授業実践が代表例として挙げられる。同校では、教科によって構成された教育課程に縛られず、子どもの「遊び」が重要な教育活動として位置付けられ、子どもの「心ゆく生活」に基づく授業が行われた。その他にもものづくり教育等を通じて学校教育と生活の結合が目指され、子どもの個性が発揮できるよう工夫した千葉師範附属小学校等[(4)]、画一的な一斉教授法に対して、児童中心主義的な新たな教育改革が進められた。

（1）朝倉淳・永田忠道編著『総合的な学習の時間・総合的な探究の時間の新展開』学術図書出版社、pp.2-3

（2）髙岡寛樹（2018）「「大正自由教育」における生活と教育の結合に関する一考察」千葉大学人文公共学研究論集、p.213

（3）福田喜彦（2021）「昭和初期における奈良女子高等師範学校附属小学校の合科主義公民教育論」教育方法学研究46、pp.73-83

（4）その他、長野師範学校附属小学校の「研究学級」の設置等の例もある。

② 戦後学習指導要領における「総合的な学習」の視点

大正デモクラシー期に行われた様々な教育実践は、現在の総合的な学習にも相通じるような挑戦的な取組と言える。しかし、第二次世界大戦により、教育実践の多様性は失われていった。戦後、日本の教育は戦前の国家主義的、画一的教育の反省から、民主主義社会の建設者にふさわしい社会人を育てるために、子どもの個性と自発性が重視された[5]。特に、子どもたちの能動的な学習活動を尊重し、学校を子どもたち自ら知識を習得する場であると主張したアメリカ教育哲学者であるデューイ（Dewey, J.）の教育理論は、占領下にあった日本の戦後教育改革に多大な影響を与えた[6]。

戦後1947（昭和22）年の学習指導要領により、旧来の「国史」や「地理」「裁縫」「修身」等の教科が廃止され、「社会科」「家庭科」、さらに「自由研究」の時間が新設されることとなった。当時の学習指導要領は「試案」として位置づけられ、子どもたちの生活上の課題や地域社会の課題などを中心に、地域性のある生活単元構成のカリキュラムが各地で自主編成された。特に「自由研究」は、①個人の趣味や能力に応じた、教科の発展としての自由研究、②同好の児童が集まり、自由に学習を進める組織としてのクラブ活動、③児童が学校や学級全体に対して、負っている責任を果たすための当番や委員の活動、という内容をもつものと説明された。1951（昭和26）年の学習指導要領もまた戦前の国家主義的教育から脱却し、「自由研究」が発展的に解消され、これに代わり「教科外活動」の時間が設けられることになった。すなわち、教育目標は教科の学習だけでは十分に到達することができず、これら教科以外の活動によって達成されると考えられたものである。この時期から日本の教育課程は各教科の教育と教科外活動を車の両輪としてとらえるようになる[7]。

このように戦後初期は、教育の民主化がすすみ、その目的が生活者の育成に切り替えられ、地域社会の実体調査に基づく独自のカリキュラム開発が展開された[8]。子どもを取り巻く生活上の課題や地域社会の課題の解決を主たる学習内容とした新教科の「社会科」[9]をコアとして、各教科に入っている学習内容をこれに関連させるという方法が注目されるなど、社会科中心の総合カリキュラム等が考えられた。しかし、このような「コア・カリキュラム」[10]は、昭和30年代から「教育の現代化」の主張のもとで、系統学習論が台頭するなかで、急速に衰退していった。

「試案」という文言が削除され、文部省告示として公示されることになった1958（昭和33）年の学習指導要領は、法的拘束力を有するものとして位置付けられるようになった。経験主義や単元学習に傾きすぎるきらいのあったこれまでの学習指導の在り方が学力低下をもたらしたとの批判がなされ、基礎学力の充実に留意することが要請された。その後、1968（昭和43）年の学習指導要領

（5）有田嘉伸（2000）「総合学習と「総合的な学習の時間」長崎大学教育学部紀要.教科教育学pp.1-14

（6）森田真樹・篠原正典編著（2018）『総合的な学習の時間』ミネルヴァ書房、p.23

（7）元兼正浩「学習指導要領改訂にみる教育課程の変遷—『総合的学習』導入までの系譜—」『教員養成セミナー』1998年３月号、p.22

（8）平田幹夫（2008）「「総合的な学習の時間」に関する基礎的研究」琉球大学教育学部教育実践研究指導センター紀要６、pp.97-107

（9）社会科は社会生活全般の問題について学習するため、社会のあらゆる分野にわたる総合的な教科であった。

（10）現実生活の問題解決を図る中心課程＝コアと、そのために必要とされる知識や技能を学ぶ周辺課程から構成されたカリキュラムを意味する。戦後、コア・カリキュラムは、目標や方法が多様化して指導が困難となり、基礎学力の低下等が問題とされた。

では、教育課程の構成が各教科、道徳および特別活動の３領域となり、年間授業時数は「最低」時数ではなく「標準」時数に定められ、基準性は弱められた。一方で、高度化した科学技術の世界への対応が図られ、「教育の現代化」が進められた。だがこれに伴い、高校や大学入試の激化、落ちこぼれや受験競争等、深刻な社会問題をもたらした。

このような社会問題の影響もあり、1977（昭和52）年の学習指導要領では、ゆとりのある充実した学校生活を実現するため、各教科の内容が基礎的・基本的事項に精選され、標準授業時数が削減された。この削減によって生じた時間を活用し、学校の創意を生かした教育活動（学校裁量の「ゆとりの時間」）を実践することが期待された。従来の系統主義教育、すなわち、「詰め込み教育」に対する反省から、その軌道修正が図られたのである[(11)]。1989（平成元）年に公表された学習指導要領では、各教科の内容を基礎的・基本的な内容に一層の精選を図るとともに、個に応じた指導を通してそれらが一人ひとりの児童に確実に身に付くようにすることが目指された。内容的には、小学校低学年の社会科および理科を廃止し、「生活科」が新設された。

(11) 元兼正浩「学習指導要領改訂にみる教育課程の変遷—『総合的学習』導入までの系譜—」『教員養成セミナー』1998年３月号、p.23

3 教育課程における「総合的な学習の時間」導入

教育課程において「総合的な学習の時間」が正式に初めて設定されたのは、1998（平成10）年告示の学習指導要領である。この導入に大きな影響を与えた1996年の第15期中央教育審議会答申「21世紀を展望した我が国の教育の在り方について」では、国際化、情報化、科学技術の発展など、今後の変化の激しい社会における教育の在り方の基本的な方向として、子どもたち一人一人の個性を尊重し、「ゆとり」の中で自ら学び、考える力や豊かな人間性などの「生きる力」をはぐくむことが最も重要であると述べられている。なお、「横断的・総合的な指導を推進していく必要性も高まっており、各教科の教育内容を厳選することにより時間を生み出し、一定のまとまった時間を設けて横断的・総合的な指導を行うこと」が提言された。この時間における学習活動としては、「国際理解、情報、環境のほか、ボランティア、自然体験などについての総合的な学習の課題学習、体験的な学習等」が挙げられ、さらにその具体的な扱いについては子どもたちの発達段階や学校、地域の実体等に応じて、各学校の判断により、その創意工夫を活かして展開する必要性が提起されている。

これを受け、同年７月、教育課程審議会（教課審）答申「幼稚園、小学校、中学校、高等学校、盲学校、聾学校及び養護学校の教育課程の基準の改善について」では、総合的な学習の時間の創設の趣旨について「各学校が地域や学校の実体等に応じて創意工夫を生かして特色ある教育活動を展開できるような時間を確保することである」と、総合的な学習の時間の創設趣旨について示された[(12)]。

(12) 教課審の「中間まとめ」では、新しい教育課程の目玉の一つとして「総合的な学習の時間」を「教科外活動」（小・中学校）の一つとして新設することが明記され、「国際化、情報化、環境・福祉問題など社会の変化に対応した教育を実施するために設けられるもので、小学校第３学年から高校第３学年までに週２単位時間以上行う」ものとされている。

中教審で提起された「総合的学習の時間」は、教課審により具体的にカリキュラムに位置付けられ[13]、小学校と中学校では2002（平成14）年から、高等学校では2003（平成15）年から授業が完全実施された。特に高等学校では2018（平成30）年告示の学習指導要領において「総合的な探究の時間」に名称が変更されたことに伴い、探究を主眼とする新たな実践展開の在り方が模索されるようになった。

(13) 1998年12月14日告示の小中学校学習指導要領、1999年3月29日告示の高等学校学習指導要領において、小学校から高等学校までの教育課程の中に正式に位置付けられることとなった。

4 総合的な学習の時間の目標

2008（平成20）年の学習指導要領改訂において、総合的な学習の時間は、道徳や特別活動と同様、学習指導要領の独立した章として規定されるようになり、その位置づけがより明確となった[14]。2017（平成29）年告示の改訂学習指導要領では、第1章総則の第2の1において、教育課程の編成につき「学校教育全体や各教科等における指導を通して育成を目指す資質・能力を踏まえつつ、各学校の教育目標を明確にするとともに、教育課程の編成についての基本的な方針が家庭や地域とも共有されるよう努めるものとする。その際、第5章総合的な学習の時間の第2の1に基づき定められる目標との関連を図るものとする」ことが示されている。すなわち、総合的な学習の時間が、各学校のカリキュラム編成の際に中核的な役割を担うことが明記されている。

(14) だが、総授業時数が増加したことに対して、総合的な学習の時間の時数は、削減されることとなり、この削減分は、小学校で新設された「外国語活動」の時間や算数や理科などの教科の授業時数に振り分けられた。（森田真樹・篠原正典編著（2018）『総合的な学習の時間』ミネルヴァ書房、p.37）

表17-1 総合的な学習の時間の目標の変化

平成10年（総則）	1 総合的な学習の時間においては、各学校は、地域や学校、生徒の実体等に応じて、横断的・総合的な学習や生徒の興味・関心等に基づく学習など相違工夫を生かした教育活動を行うものとする。 2 総合的な学習の時間においては、次のようなねらいをもって指導を行うものとする。 （1）自ら課題を見付け、自ら学び、自ら考え、主体的に判断し、よりよく問題を解決する資質や能力を育てること。 （2）学び方やものの考え方を身に付け、問題の解決や探究活動に主体的、創造的に取り組む態度を育て、自己の生き方を考えることができるようにすること。
平成20年	横断的・総合的な学習や探究的な学習を通して、自ら課題を見付け、自ら学び、自ら考え、主体的に判断し、よりよく問題を解決する資質や能力を育成するとともに、学び方やものの考え方を身に付け、問題の解決や探究活動に主体的、創造的、協働的に取り組む態度を育て、自己の生き方を考えることができるようにする。
平成29年	探究的な見方・考え方を働かせ、横断的・総合的な学習を行うことを通して、よりよく課題を解決し、自己の生き方を考えていくための資質・能力を次のとおり育成することを目指す。 （1）探究的な学習の過程において、課題の解決に必要な知識及び技能を身に付け、課題に関わる概念を形成し、探究的な学習のよさを理解するようにする。 （2）実社会や実生活の中から問いを見いだし、自分で課題を立て、情報を集め、整理・分析して、まとめ・表現することができるようにする。 （3）探究的な学習に主体的・協働的に取り組むとともに、互いのよさを生かしながら、積極的に社会に参画しようとする態度を養う。

文部科学省によると、総合的な学習の時間は、「探究的な見方・考え方」を働かせ、横断的・総合的な学習を行うことを通し、よりよく課題を解決し、自己の生き方を考えていくための資質・能力を育成することを目標としている[15]。なお、この目標と内容の実現に向けては、探究的な学習の過程を経ることを一層重視し、各教科等で育成する資質・能力を相互に関連付け、実社会・実生活において活用できるものとするとともに、各教科等を超えた学習の基盤となる資質・能力を育成することを基本的な考え方としている。ここでいう「探究的な見方・考え方」とは、各教科等における見方・考え方を総合的に活用するとともに、広範な事象を多様な角度から俯瞰して捉え、実社会・実生活の課題を探究し、自己の生き方を問い続けることである[16]。

(15) 文部科学省『今、求められる力を高める総合的な学習の時間の展開（小学校編）』2021年3月

(16) 田村学（2019）「第1章 学習指導要領の改訂ポイントと授業改善の視点 総合的な学習の時間」『何が変わるの？教科等の要点が簡潔にわかる！新学習指導要領ここがポイント』小学館、pp.7-9

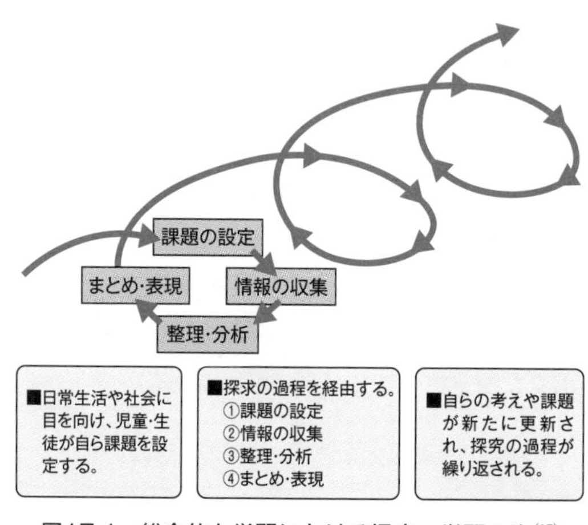

図17-1　総合的な学習における児童の学習の姿[17]

目標の実現に向けて、探究的な学習における4つのプロセス（課題の設定、情報の収集、整理・分析、まとめ・表現）の質的充実が求められる。すなわち、問題解決的な活動が発展的に繰り返される探究的な学習にすること、他者と協同して課題を解決する協同的な学習とすることが重要である。

(17) 文部科学省『小学校学習指導要領（平成29年告示）解説 総合的な学習の時間編』2017年7月、p.9

探究的な学習とは、問題解決的な活動が発展的に繰り返されていく一連の学習活動であり、その過程において、資質・能力が確実に育成され、実社会において自主的・自律的にそれを活用・発揮できることが期待される。さらに、総合的な学習の時間においては、他者と協同して課題を解決しようとする学習活動を重視する。具体的には、生徒間における協同、地域の人との協同、地域社会への参画や貢献等の場面において、他者と適切に関わり合い、新しい価値を創造し、社会に参画・貢献できる資質能力の育成を目指す。

5　総合的な探究の時間への期待

2018（平成30）年より、「育成を目指す資質・能力の明確化」「『主体的・対話的で深い学び』の実現に向けた授業改善の推進」「各学校におけるカリキュラム・マネジメントの推進」等の学習指導要領全体の「改訂の基本方針」を踏まえて、高等学校における「総合的な学習の時間」の名称が「総合的な探究の

時間」に変更[18]された。

総合的な探究の時間では、小・中学校における総合的な学習の時間の取組を基盤とした上で、「探究の見方・考え方」を働かせ、横断的・総合的な学習を行うことを通して、自己の在り方生き方を考えながら、よりよく課題を発見し解決していくための資質・能力を育成することを目指す（図2）[19]。なおこのような目標は、各学校における教育目標をも踏まえて設定し、それを実現するにふさわしい探究課題は、「地域や学校の実態、生徒の特性等に応じて、例えば国際理解、情報、環境、福祉・健康などの現代的な諸課題に対応する横断的・総合的な課題、地域や学校の特色に応じた課題、生徒の興味・関心に基づく課題、職業や自己の進路に関する課題などを踏まえて設定すること」が示されている。

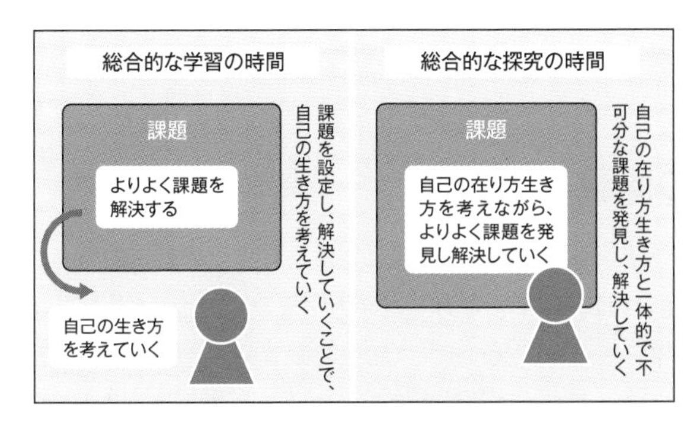

図17-2 課題と生徒との関係[20]

以上のように、総合的な学習の時間と総合的な探究の時間には共通性と連続性がある一方で、生徒の発達の段階で求められる探究の姿には違いが見られる。図2のように、総合的な探究の時間では、課題を解決し自己の生き方を考えるにとどまらず、自己の在り方生き方と一体的で不可分な課題を自ら発見し、解決していくような学びを展開していくことが目指される[21]。

進路や就職等、社会への出口に近い高等学校において、人間としての在り方を理念的に希求し、急激に変化し続ける今後の社会に自身がどのようにかかわっていくかを考え続けることは重要な課題である。さらに、選挙権年齢の引き下げにより高校生たちの政治へのかかわり方が模索されている中で、よりよい未来社会を探究し創っていけるような資質能力の育成が期待されている。

(18) 文部科学省は名称変更の理由を、①高等学校段階の生徒は、人間としての在り方を希求し、社会の一員としての生き方に具現しようとするから②小中学校の「総合的な学習の時間」での学びが、「総合的な探究の時間」での特質ある学びを可能にしているから③「総合的な探究の時間」の特色ある学びは、今日の社会で期待されているから、という3つから説明している。

(19) 文部科学省『高等学校学習指導要領解説 総合的な探究の時間編』2018年7月、p.7

(20) 同上、p.9

(21) このような姿を実現するにあたっては、洗練された質の高い探究活動が求められる。質の高い探究活動として具体的に、探究の過程の高度化（①探究において目的と解決の方法に矛盾がない（整合性）、②探究において適切に資質・能力を活用している（効果性）、③焦点化し深く掘り下げて探究している（鋭角性）、④幅広い可能性を視野に入れながら探究している（広角性））、及び自律的な探究（①自分にとって関わりが深い課題になる（自己課題）、②探究の過程を見通しつつ、自分の力で進められる（運用）、③得られた知見を生かして社会に参画しようとする（社会参画））等が示されている。

評価のポイント

- 総合的な学習の時間の源流について「自由教育」の実践事例から説明することができる。
- 戦後学習指導要領の変遷から総合的な学習の時間が教育課程に正式に導入されるまでの過程を説明することができる。
- 総合的な学習の時間及び総合的な探究の時間の目標について理解し、現代社会におけるその意義を説明することができる。

（鄭修娟）

18 総合的な学習(探究)の時間の指導計画

章のポイント

本章では、まず総合的な学習の時間の指導計画作成の考え方について学ぶ。主体的・対話的で深い学びを実現するように指導計画を作成していくことが求められているが、その際、他の教科等との関連性を踏まえたカリキュラム・マネジメントの考え方を意識することが大切である。次に、指導計画とは何かを整理したうえで、全体計画と年間指導計画における留意点を示す。最後に、単元計画に触れながら総合的な学習の時間の核ともいえる児童生徒の興味関心、疑問をどのように引き出していくのか考えていきたい。

指導計画作成の意義

総合的な学習の時間では、他の教科等と同様に育成を目指す資質・能力の3つの柱(「知識及び技能」の習得、「思考力・判断力・表現力等」の育成、「学びに向かう力、人間性等」の涵養)をバランスよく実現させることが求められている。また、第1の目標である「探究的な見方・考え方を働かせ、横断的・総合的な学習を行うことを通して、よりよく課題を解決し、自己の生き方を考えていくための資質・能力」(以下、第1の目標)を育成することが目指されている[1]。これらを育成していくためには、児童生徒の**主体的・対話的で深い学びの実現**に資する授業改善を意識する必要がある。

その際、注目しなければならない視点としてカリキュラム・マネジメントが挙げられる。第1の目標に照らせば、教師は総合的な学習の時間を実施するにあたり、他教科との横断的なつながりを意識しなければならない。この点は学習指導要領においても強く意識されており、これまで以上に総合的な学習の時間と各教科等の相互の関わりを意識したカリキュラム・マネジメントの実施を求めている。すなわち、総合的な学習の時間は**カリキュラム・マネジメントの中核**として期待されていると言える[2]。

もし上記の点を踏まえず、場当たり的な計画・指導を展開してしまえば、総合的な学習の時間の理念を当然後退させてしまう[3]。そのため、児童生徒にとって効果的な活動となるように、カリキュラム・マネジメントの観点から教科等の関連性を参酌し、いかなる探究課題を、いつ・どのように実施すればよいのか指導計画を丁寧に作成する必要がある。

(1) 文部科学省『中学校学習指導要領(平成29年告示)解説 総合的な学習の時間編』2018年3月、p.8
　なお、高等学校の総合的な探究の時間の第1の目標は「探究的な見方・考え方を働かせ、横断的・総合的な学習を行うことを通して、自己の在り方生き方を考えながら、よりよく課題を発見し解決していくための資質・能力」の育成が目指されている。自己の在り方生き方と密接に結びつく課題を解決していくことが強調されている。

(2) これまで中留は、子どもの生きる力を育むために教科、領域との連関を持ち、学校全体の教育課程の中心として総合的な学習の時間を積極的に位置づけ、その重要性を論じてきた(中留武昭編著 2001『総合的な学習の時間:カリキュラムマネジメントの創造』教育課題研究会)。

指導計画の枠組み

(1) 指導計画で踏まえるべき視点

指導計画は総合的な学習の時間に限らず、教育課程を構成する領域であれば作成しなければならない。それは例えば、中学校第1学年の指導計画や数学科の指導計画、4月の指導計画といった具合に示される。指導計画は一般に学校としての「全体計画」と「年間指導計画」の二つを指す。

さて、総合的な学習の時間の指導計画を作成するにあたっては、以下の6点を考える必要がある(4)。なお、後述するように、よりよい指導計画を作成するためには、教職員全体が総合的な学習の時間の目標を共有することが重要となる。

1. この時間を通してその実現を目指す「目標」。
2. 「目標を実現するにふさわしい探究課題」及び「探究課題の解決を通して育成を目指す具体的な資質・能力」からなる「内容」。
3. 「内容」との関わりにおいて実際に生徒が行う「学習活動」。これは、実際の指導計画においては、生徒にとって意味のある課題の解決や探究的な学習活動のまとまりとしての「単元」、さらにそれらを配列し、組織した「年間指導計画」として示される。
4. 「学習活動」を適切に実施する際に必要とされる「指導方法」。
5. 「学習の評価」。これには、生徒の学習状況の評価、教師の学習指導の評価、1～4の適切さを吟味する指導計画の評価が含まれる。
6. 1～5の計画、実施を適切に推進するための「指導体制」。

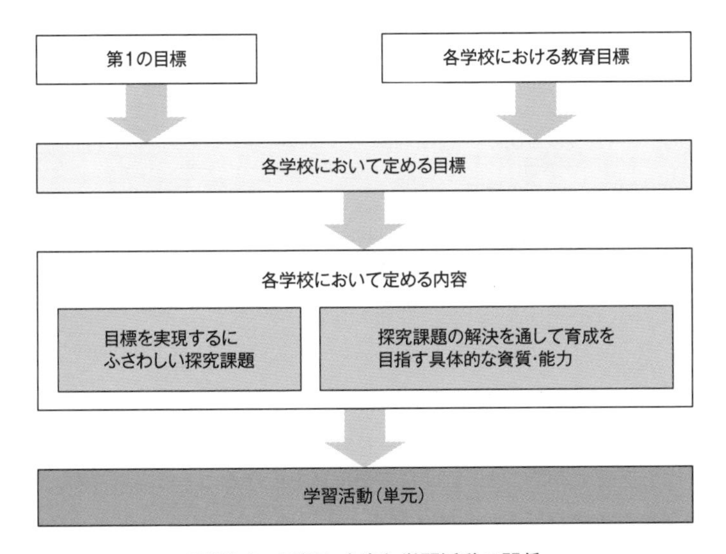

図18-1 目標と内容と学習活動の関係

(3) 総合的な学習の時間の「見方・考え方」の一つとして、「一つの教科等の枠に収まらない課題に取り組む学習活動を通して、各教科等で身に付けた知識や技能等を相互に関連付け、学習や生活に生かし、それらが児童生徒の中で総合的に働くようにすること」を求めている(中教審答申「幼稚園、小学校、中学校、高等学校及び特別支援学校の学習指導要領等の改善及び必要な方策等について」平成28年12月21日、p.83)。

(4) 文部科学省『中学校学習指導要領(平成29年告示)解説 総合的な学習の時間編』2018年3月、pp.62-63

（2）全体計画と年間指導計画

全体計画とは、各学校における総合的な学習の時間の教育活動の基本的なあり方を示すものである。各学校において定める目標、「目標を実現するにふさわしい探究課題」及び「探究課題の解決を通して育成を目指す具体的な資質・能力」で構成する内容に加えて、学習活動、指導方法、指導体制、学習の評価等についても、その基本的な内容や方針等を概括的・構造的に示すことが基本的な枠組みとなる。目標と内容と学習活動の関係を図示すると図18-1の通りである。

他方、年間指導計画は、学年がはじまる４月から翌年３月末日までの１年間に実施されるすべての単元を配列したものを指す。総合的な学習の時間において「**生徒や学校、地域の実態等に応じて**、生徒が探究的な見方・考え方を働かせ、**教科等の枠を超えた**横断的・総合的な学習や生徒の興味・関心等に基づく学習を行うなど創意工夫を生かした教育活動の充実を図ること」が配慮事項として記載されている[(5)]。

（５）文部科学省『中学校学習指導要領（平成29年告示）解説 総合的な学習の時間編』2018年３月、pp.62-63

以上の配慮事項を踏まえ、年間指導計画を作成するにあたっては、（１）生徒の学習経験に配慮すること、（２）季節や行事など適切な活動時期を生かすこと、（３）各教科等との関連を明らかにすること、（４）外部の教育資源の活用及び異校種との連携や交流を意識すること、という４つの観点から単元等を配置していくことが求められている。例えば、具体的な探究課題として「暮らしに関わる諸問題」をテーマに掲げた際、多様なエネルギーやエネルギー資源といった理科の単元に基づき「課題設定」や「情報収集」を行い、その問題の「整理・分析」に必要な社会的な動向把握、話し合いの方法などは国語科の単元を踏まえさせること等を想定しながら、**教科等の単元との関連付け**を検討すること[(6)]が求められている（表18-1）。

（６）その他、「整理・分析」では数学科の統計手法を触れさせること、「まとめ・表現」では美術科の色彩等の知識・技能などの活用が想定できるだろう。

表18-1　総合的な学習の時間と各教科等の単元を関連付けた年間指導計画（抜粋例）[(7)]

	9月	10月	11月	12月
総合的な学習の時間	暮らしに関わる諸問題についての整理		地球環境討論会	
理科	多様なエネルギー	エネルギー資源	自然界のつり合い	自然と人間生活
国語	新聞の社説を読もう	話し合い･提案をまとめよう	課題解決に向けて会議をひらく	説得力ある文章作成

（７）同上、p.93より筆者修正

教科横断的なカリキュラム･マネジメントを効果的に展開していくためには、年間指導計画の成否にかかっていると言っても過言ではない。そのため、年間指導計画を作成する際には、教師自らが視野を広げることはもちろん、校内での連絡調整や教職員同士の支援体制を充実させていくことも欠かせないだろう。

しかしながら、総合的な学習の時間がカリキュラム・マネジメントの中核であるがゆえに、教職員の負担が現実的な課題として立ち表れている。総合的な学習の時間と各教科等との関連性を高めるためには、教職員の緻密な打ち合わせ抜きに考えられない。また、総合的な学習の時間が「上級学年へと関連を持ちながら発展的に展開させる必要がある以上、同一学年だけでは全体計画は成り立たない」と指摘されている[8]。それを解消できるよう、予測困難な近未来の社会に必要な資質能力を小・中・高等学校でどう伸張・発展させていくのかという視点に立ち、その12年間を見通したカリキュラムの開発の必要性が指摘されている[9]。

(8) 吉岡一志 (2019)「中学校新学習指導要領からみた『総合的な学習の時間』の課題」『山口県立大学学術情報』第12号、pp95-96

(9) 村川雅弘 (2019)「総合的な学習とカリキュラム」日本カリキュラム学会編『現代カリキュラム研究の動向と展望』教育出版、p.57

(3) 単元計画

単元とは、課題の解決や探究的な学習活動が発展的に繰り返される一連の学習活動のまとまりである。生徒たちが主体的に探究課題に取り組むためには、生徒の興味・関心あるいは疑問を軸に据えた単元を構想していく必要がある。興味・関心、疑問を見取るためには、日頃のコミュニケーションだけでなく、教科等での発言や生活ノート等のメモ、保護者から得た生徒の様子などが有効であろう。他方で、必ずしも生徒が興味・関心、疑問を自覚的に理解し、言語化できるとは限らない。歴史、伝統文化、福祉、健康、環境など多様な話題を教科の授業時や朝の会・帰りの会等を通して、教師が生徒たちに提供していく機会を定期的に作ることも興味・関心を刺激するうえで効果的だと思われる。

その他、子どもも教師も「よく知らない」けれども「興味・関心が大いにある」事項を探究課題に設定するという考え方もある。子どもも教師も知らないテーマの方がお互いの学び合い(共学)に繋がり、「支援」という名の「教え込み」に陥ること(≒教師の負担感増加)を避ける効果もある[10]。

(10) 中留武昭、上掲書、p.70

実際に単元計画を作成してみると痛感するかもしれないが、生徒に探究的な見方・考え方を身につけさせるためには、何より教師自身が日常生活や社会に探究的な眼差しを向けなければならない。日頃から物事を多面的・多角的に捉えようとすることが総合的な学習の時間における最大の教材研究なのかもしれない。

評価のポイント

・カリキュラム・マネジメントの中核としての総合的な学習の時間の意義を理解することができる。
・各教科等との関連性を図りながら、総合的な学習の時間の全体計画や年間指導計画、単元計画を作成することの重要性を理解している。

(原北祥悟)

19 総合的な学習（探究）の時間の指導と評価

章のポイント

本章では、子どもが主体となる探究的な学習の過程、及びそれを実現するために教師に求められる指導とそのポイントを整理する。また、総合的な学習（探究）の時間における児童及び生徒の学習状況に関する評価は、「知識・技能」、「思考・判断・表現」、「主体的に学習に取り組む態度」の３つの観点からなされる必要があるが、本章では各学校における評価の観点及び評価基準の設定に関し解説する。また総合的な学習（探究）の時間は、その活動の特質から「真正な評価」が適するとされている。本章ではその代表的な評価方法にも触れる。

1 総合的な学習（探究）の時間における「探究」の学習過程と教師の指導のポイント

学習指導要領では、総合的な学習（探究）の時間において求められる探究学習のプロセスが次のように示されている[(1)]。

【①課題の設定】 体験活動などを通して、課題を設定し課題意識をもつ

【②情報の収集】 必要な情報を取り出したり収集したりする

【③整理・分析】 収集した情報を、整理したり分析したりして思考する

【④まとめ・表現】 気付きや発見、自分の考えなどをまとめ、判断し、表現する

この学習のプロセスについては、（２）でより詳しく整理することとし、本節でははじめに、上記のような探求的な学習が求められる総合的な学習（探究）の時間の活動全体としての特質と、そこにおいて求められる教師の指導の在り様について述べておく。

（１）総合的な学習（探究）の時間の特質と教師に求められる「方法知」の指導

総合的な学習（探究）の時間は、「research（研究的な学習）から learn（習得的な学習）へ」と向かう総合学習と理解される[(2)]。後述する通り、総合的な学習の時間において行われる探究では、その起点において、児童・生徒が「自ら課題を設定」する。よって、教師は、学習すべき内容や方法があらかじめわかるわけではない[(3)]。そして、活動において、子どもたちは「学習過程の自己決定者として問題を共同して解決するために、学校内外のさまざまな人的・物的ソースに「参加と学習のスキル＝方法知」を駆使してアプローチ」[(4)]していく。では、そのような活動の特質を持つ総合的な学習の時間において、教師

（１）文部科学省『小学校学習指導要領（平成29年告示）解説　総合的な学習の時間編』p.114、『中学校学習指導要領（平成29年告示）解説　総合的な学習の時間編』p.109、『高等学校学習指導要領（平成30年告示）解説　総合的な探究の時間編』p.123

（２）田中耕二（1999）「総合学習」の今日的課題とは何か」田中耕二『「総合学習」の可能性を問う』ミネルヴァ書房、p.11

（３）この点、学ぶべき内容知（何を）や方法知（どのように）が教師によって構造化され「learn（習得的な学習）からresearch（研究的な学習）へ」と向かう教科学習と異なっている。

（４）田中耕二（1999）同上、p.11

にはどのような指導が求められるのか。そこで教師に求められるのは、方法論(methodology)についての知に関する指導であり[5]、また加えて、「方法論を問うことができるような豊かな方法知を含む活動を見きわめること」[6]が要請される。

（5）中西修一郎（2018）「総合的な学習の時間」田中耕二編『よくわかる教育評価』ミネルヴァ書房、p.152

（6）中西修一朗（2020）「第3章 総合学習の教育課程」細尾萌子・田中耕二（2020）『教育課程・教育評価』ミネルヴァ書房、p.42）

（2）「探究」の学習過程と教師に求められる指導の具体

前項では､総合的な学習（探究）の時間における学習の全体としての特質と、そこに関わる指導のポイントを示した。本項では続いて、探究的な学習過程の各段階ごとの学習の内容と、そのそれぞれの過程において教師に求められる指導の具体について、学習指導要領解説の記述を整理する[7]。

（7）なお、①課題の設定、②情報の収集、③整理・分析、④まとめ・表現の方法については、各学校段階別に作成された文部科学省（2022）『今、求められる力を高める総合的な学習の時間の展開』に多くの具体例が挙げられている。適宜参照されたい。

① **課題の設定** 探究的な学習は、児童・生徒が「自ら課題を設定する」ことに重きをおく。この段階において教師に求められるのは、児童・生徒が実社会や実生活と自己との関わりから、自ら課題意識をもち、その意識が連続発展するように、意図的な働きかけを行うことである。人、社会、自然に直接かかわる体験活動を設けることはもとより、そこにおいて「学習対象といかに関わらせ、出会わせるか」、という点で、教師に工夫が求められる。それは例えば、生徒の考えとの「ずれ」や「隔たり」を感じさせたり、対象への「あこがれ」や「可能性」を感じさせるような工夫である。

これに加えて、高校段階の総合的な探究の時間では、「自己の在り方生き方と一体的で不可分な課題を発見し、解決していく」ことが目指されていることから、生徒がどれだけ「切実な必要感のある課題」を設定できるかが重要となる。そのため、活動においては、「各自の課題の設定には十分な時間をかけてよい」とされている。また、そこで設定される課題は、「その課題を解決することの意味や価値を自覚」できるものであることが求められる。

② **情報の収集** 続いて、設定された課題の解決に必要な情報を、様々な方法で収集する。その方法としては、例えば、観察、実験、見学、調査、探索、追体験などが挙げられる。この活動の段階においては、まず、1）児童・生徒が収集する情報が多様であることから（例えば、数値情報・言語情報などの客観的な情報のほか、主観的感覚的な情報も含む)、その点を十分に意識した学習活動が必要とされる。また、2）課題解決のための情報収集を、生徒たちが自覚的に行うことが望まれるため、教師には、学習過程に位置づけられる体験活動が何のために、何を目的に行われるのかを明確にすることが求められる。さらに、3）収集した情報は適切な方法で蓄積される必要がある。

また、必要があれば、教師が意図的に資料を提示することも求められる。

③ **整理・分析** 次の段階では、②で収集した多様な情報を整理したり分析したりして、思考する活動へと高めていく。すなわち、収集した時点ではつながりのない個別な状態の情報を、種類ごとに分けるなどして整理したり、細分化して因果関係を導き出したりして分析する段階である。この際教師には、次の

２点に関し配慮が求められる。まず、１）児童自身が情報を吟味すること、である。次に、２）情報に応じて、適切な整理や分析の方法が考えられることから、学習活動において「何を、どのように考えさせたいか」を意識して「考えるための技法」（例えば、比較・分類・序列化・類推、関連付け、因果への着目、など）を用いていくことである。

④　**まとめ・表現**　最後に、調査結果をまとめ・表現する段階である。まとめ・表現の具体的な方法は、プレゼンテーションやポスターによる発表、論文やレポートの執筆、さらには演劇・ダンスなどの実演まで幅広く想定できる。一方、ここでは、１）誰に伝え（相手意識）、何のためにまとめるのか（目的意識）によって、まとめ・表現の方途が変わってくることから、それらを明確にし取り組むことが肝要となる。その上で、２）伝えるための具体的な手順や作法を身に付けること、それらを３）目的に応じて選択し使えるようにすること、が目指される。さらに、４）まとめ・表現することは、情報の再構成と、新たな課題の自覚につながることに留意が必要である。

なお、②③④の各学習段階において、児童・生徒には、各教科・科目で身に付けた知識や技能の発揮・活用も求められる。

以上、探究的な学習の過程とそこにおける教師の指導の具体を確認してきた。次節では、このようなプロセスをたどる児童・生徒の学習に対する評価の在り方について整理する。

3　総合的な学習（探究）の時間における児童・生徒の学習の評価の観点

2008（平成20）年以降の学習指導要領では、「**資質・能力を見取る評価**」が必要とされている。さらに2017（平成29）年３月の学習指導要領改訂に向けた中央教育審議会の議論では、指導要録における観点別学習状況の評価について、「**知識・技能**」、「**思考・判断・表現**」、「**主体的に学習に取り組む態度**」の３つの観点に整理することとされた[8]。今次学習指導要領では、総合的な学習（探究）の時間におけるこの３点の評価の観点とその趣旨について下表[9]のように示されている。

（8）遠藤貴広（2018）「学力の評価」田中耕二編『よくわかる教育課程 第２版』ミネルヴァ書房、p.95

（9）木村裕（2022）「総合的な学習/探究の時間の教育課程と教育業過」木村裕/古田薫編著『教育課程論・教育評価論』ミネルヴァ書房、p.151より引用。

表19-1　総合的な学習（探究）の時間における評価の観点とその趣旨

	知識・技能	思考・判断・表現	主体的に学習に取り組む態度
小中学校	探究的な学習の過程において、課題の解決に必要な知識や技能を身に付け、課題に関わる概念を形成し、探究的な学習のよさを理解している。	実社会や実生活の中から問いを見いだし、自分で課題を立て、情報を集め、整理・分析して、まとめ・表現している。	探究的な学習に主体的・協働的に取り組もうとしているとともに、互いのよさを生かしながら、積極的に参画しようとしている。
高等学校	探究の過程において、課題の発見と解決に必要な知識及び技能を身に付け、課題に関わる概念を形成し、探究の意義や価値を理解している。	実社会や実生活と自己との関わりから問いを見いだし、自分で課題を立て、情報を集め、整理・分析して、まとめ・表現している。	探究に主体的・協働的に取り組もうとしているとともに、互いのよさを生かしながら、新たな価値を創造し、よりよい社会を実現しようとしている。

そして、総合的な学習（探究）の時間では、学習指導要領が定める目標を踏まえ各学校が目標や内容を設定することから、**評価の観点**も各学校が設定する。そのうえで設定された目標と観点に基づく**評価基準**を作成する必要がある。なお評価基準は、「内容のまとまりごとの評価基準」と、それに基づいて設定される「単元の評価基準」とに分かれる[10]。

また、学習指導要領では、総合的な学習（探究）の時間における児童・生徒の学習状況の適切な評価に向けた留意点として、①信頼される評価とするために、教師の適切な判断に基づいた評価を行うこと、②児童の成長を多角的に捉えるために、多様な評価方法や評価者による評価を適切に組み合わせること、③学習状況の結果だけではなく、事前や途中に適切に位置付けて実施すること、の３点を挙げている。総合的な学習の時間（探究）の活動の特質と、以上の留意点に対応しうる評価方法について、次に示す。

(10) 文部科学省国立教育政策研究所教育課程研究センターにより各学校段階ごとに作成された『「指導と評価の一体化」のための学習評価に関する参考資料』には、評価基準の設定の手順、各学校が設定しうる「内容のまとまりごとの評価基準」及びそれに基づき設定される「単元の評価基準」の具体例が掲載されている。

4 児童・生徒の学習状況の多様な評価方法の具体

総合的な学習の時間（探究）の評価は、活動の特質に鑑み、現実世界で大人が直面するような課題に取り組ませる中で評価活動を行う「**真正の評価**」がその在り方として適するとされており[11]、その主な評価方法として「**ポートフォリオ評価**」と「**パフォーマンス評価**」が挙げられる。

ポートフォリオ評価とは、学習の過程や成果等の記録や作品を生徒が主体的・計画的に集積したポートフォリオを基にした評価方法で、「ポートフォリオ作りを通して、子どもが自らの学習のあり方について自己評価することを促すとともに、教師も子どもの学習活動と自らの教育活動を評価するアプローチ」[12]とされる。

また、パフォーマンス評価とは、「子どもたちが知識を実際の世界にどの程度うまく活用させているのかをはかるもの」[13]で、評価の対象となるパフォーマンス課題は、完成作品（product）と実演（performance）の２つに大きく大別される。総合的な学習の時間においては、先に示した「④まとめ・表現」での活動や作品が評価対象と成り得る。

なお、ポートフォリオ評価、パフォーマンス評価の実施にあたっては、**ルーブリック**の活用も求められている。ルーブリックとは、評定尺度とその内容を記述する記述語から成り、評価指標と訳されることが多い[14]。例えば、次表は、京都市立堀川高等学校における論文評価を対象に作成されたルーブリック例である[15]。上部に評定尺度（１～３）が、また表内各欄にパフォーマンスの特徴を記す記述語が記載されている。このようなルーブリックの活用により、「実演や作品の審査の信頼性を高めると同時に、それを学習活動の初期段階から生徒に示すことで、生徒の自己評価を促すこと」[16]が期待できるとされる。

(11) 遠藤貴広（2020）「第11章　資質・能力の形成を支える評価」細尾萌子・田中耕二編著『教育課程・教育評価』ミネルヴァ書房、p.154

(12) 西岡加名恵（2019）「2017年版学習指導要領とパフォーマンス評価」西岡加名恵・石井英真編著『教科の「深い学び」を実現するパフォーマンス評価「見方・考え方」をどう育てるか』日本標準、p.14

(13) 若林身歌・田中耕二（2017）「第８章　総合学習の変遷－教科の枠組みを超えた学習の追求とカリキュラムの創造」田中耕二編著『戦後日本教育方法論史（下）』ミネルヴァ書房、p.177

(14) 同上、p.176

(15) 本ルーブリックは、同上、p.177において紹介されたものである。出典は次頁に記載。

(16) 遠藤（2020）同上、p.157

(17) 次橋秀樹「国際バカロレアの趣旨を踏まえたカリキュラム改善の事例－京都市立堀川高等学校の場合」『思考力・判断力・表現力育成のための長期的ルーブリックの開発』科学研究費補助金基盤研究（C）最終報告書（代表田中耕二）、2016年３月、p.136より引用。

なお、本ルーブリックは、若林身歌・田中耕二（2017）「第８章　総合学習の変遷－教科の枠組みを超えた学習の追求とカリキュラムの創造」田中耕二編著『戦後日本教育方法論史（下）』ミネルヴァ書房、p.177に掲載されている。

表19-2　京都市立堀川高等学校におけるJUMP論文ルーブリック[17]

		到達度		
		3	2	1
観点	探究課題	導入部分に、解決可能な一般に価値があり、研究意義が明確な探究課題が示されている。	導入部分に探究課題が明示されているものの研究意義が示されていない。あるいは、解決できそうにない。	導入部分に探究課題が示されているが、問題意識が個人的すぎる、あるいは調査可能な範囲に既に存在している。
	調査・研究方法	探究課題の解決に適した、創意的あるいは、緻密な調査・研究方法が論文中に示されている。	探究課題の解決に適した、調査・研究方法が論文中に示されている。	探究課題の解決に適した調査・研究方法が論文中に示されていない。
	学問領域に関する知識・理解	用語の使用が正確であるなど、学問領域に関する優れた知識と理解が、論文中に示されている。	学問領域に関する知識と理解が、論文中にある程度示されている。	用語の使用が不正確であるなど、学問領域に関する知識や理解が論文中に示されていない。
	考察・分析	収集した資料などの根拠を基に、探究課題に適した、説得力ある考えが論理的かつ明晰に示されている。	収集した資料などの根拠を基に、探究課題に適した議論をしようとしているが、表面的なものにとどまる。	収集した資料などの根拠から、議論を発展させようとしていない。
	結論	探求課題に呼応しており、かつ課題として扱っている範囲に対して過不足のない結論が示されている。	探究課題に呼応しているものの、言いすぎていたり、扱いきれていない結論が示されている。	探究課題とは無関係な結論が示されている。

参考　**総合的な学習（探究）の時間における教育課程の評価とカリキュラム（・）マネジメント**

『学習指導要領解説 総合的な学習（探究）の時間編』では、総合的な学習（探究）の時間の教育課程の評価について、カリキュラム（・）マネジメントの３つの側面である、ⅰ）生徒や学校、地域の実態を適切に把握し、教育の目的や目標の実現に必要な教育の内容等を教科横断的な視点で組み立てていくこと、ⅱ）教育課程の実施状況を評価してその改善を図っていくこと、ⅲ）教育課程の実施に必要な人的又は物的な体制を確保するとともにその改善を図っていくこと、を観点に行われるべきとされている。つまり、総合的な学習（探究）の時間の教育課程の評価では、子どもの学習状況の評価を前提としたカリキュラムそのものの評価にとどまらず、それを実施する組織体制の評価をも含んでおり、さらにその評価を学校経営の改善に結び付けることまでが求められていると言えよう。

評価のポイント

1）探究的な学習の過程及びそれを実現するための具体的な手立てを理解している。

2）総合的な学習の時間における児童及び生徒の学習状況に関する評価の方法及びその留意点を理解している。

コラム

総合的な学習（探究）の時間と特別活動

総合的な学習（探究）の時間と特別活動は、各教科等で身に付けた資質・能力を総合的に活用しながら、児童が自ら現実の課題に取り組むことを基本原理とする点で共通するとされる(1)。

この点、2008年改訂の学習指導要領からは、特別活動の学校行事に掲げる各行事の実施と同様の成果が期待できる場合において、総合的な学習の時間に実施された活動を特別活動の学校行事の実施として読み換えることが可能となっている。これを受け、実際に総合的な学習の時間に特別活動の学校行事に当たる活動を行っているケースは多く見受けられ、例えば、平成30年度に公立中学校で実施された職場体験（勤労生産・奉仕的行事に該当）は、「総合的な学習の時間で実施」されたものが78.3%、「総合的な学習の時間で実施し、特別活動の学校行事としても読み換えている」が8.3%となっており、「特別活動での実施」の7.4%をはるかに上回っている(2)。

しかし一方で、特別活動と総合的な学習の時間には、目的や活動の先に目指すところに明確な違いも存在する。前者が「話し合って決めたことを「実践」したり、学んだことを学校という一つの社会の中で、あるいは家庭を含めた日常の生活の中で、現実の課題の解決に生かしたりする」ものであるのに対し、後者は「物事の本質を探って見極めようとしていく」「探究」にその本質を置く。また、前者における「解決」が「現実の問題そのものを改善すること」であるのに対し、後者の「解決」は「疑問の解決」であって、それにより「新たな問いが生まれ、物事の本質に向けて問い続けていくもの」とされている(3)。

このように、両者には目的及びその趣旨に本質的な違いがあり、加えて今次改訂では特に、総合的な学習（探究）の時間の活動の固有の意義に注目されている。よって、単なる授業時数の“やりくりマネジメント”として総合的な学習の時間と特別活動が混交されることがないよう、双方の目的を成すことのできる活動とそのための十分な時間を確保していくことに、今後一層の留意が必要になる。

一方で、総合的な学習の時間と特別活動に関しては、学習の過程において、また実社会や実生活、他者や集団との関わりや体験活動を重視する点で、確かに重なり合う面がある。よって、これら双方の活動を充実させた先に、深い学びにつながるようカリキュラムマネジメントの視点から両者の関連性を高めていくことは、望ましい展開といえよう。

【註】
(1)『小学校学習指導要領解説　特別活動編』p.39、『中学校学習指導要領解説　特別活動編』p.36、『高等学校学習指導要領　特別活動編』p.32
(2)国立教育政策研究所生徒指導・進路指導研究センター『平成30年度職場体験・インターンシップ実施状況等結果（概要）』、p.1
(3)『小学校学習指導要領解説　特別活動編』p.39、『中学校学習指導要領解説　特別活動編』p.36、『高等学校学習指導要領解説　特別活動編』p.33

（柴田里彩）

20 参考文献 ―さらに学びたい人へ―

特別活動論

・荒堀浩文（2017）「第２章 特別活動の目的」『新しい特別活動の指導原理』ミネルヴァ書房。
・相原次男・新富康央（2001）『個性をひらく特別活動』ミネルヴァ書房。
・上杉孝實・皇紀夫編（1993）『特別活動・教育実習』協同出版。
・城戸茂・島田光美・美谷島正義・三好仁司編著（2017）『平成29年改訂中学校教育課程実践講座 特別活動』ぎょうせい。
・杉田洋編著（2017）『平成29年版 小学校 新学習指導要領ポイント総整理 特別活動』東洋館出版社。
・藤田晃之編著（2017）『平成29年版 中学校新学習指導要領の展開 特別活動編』、明治図書。
・文部科学省『小学校学習指導要領解説 特別活動編』東洋館出版社、2017年。
・文部科学省『小学校学習指導要領解説 特別活動編』東洋館出版社、2008年。
・文部科学省「幼稚園、小学校、中学校、高等学校及び特別支援学校の学習指導要領等の改善及び必要な方策等について（答申）」2016年12月21日。

学級活動（小・中）、ホームルーム活動

・有村久春編著（2017）『平成29年改訂小学校教育課程実践講座 特別活動』ぎょうせい。
・石川晋編（2014）『THE 教室環境』明治図書。
・大分県小学校特別活動研究会（2018）「見直してみよう！係活動」『特活研究誌2017』。
・児美川孝一郎（2004）「日本における「キャリア教育」の登場と展開－高校教育改革へのインパクトをめぐって－」法政大学キャリアデザイン学会『生涯学習とキャリアデザイン』１、pp.21-38。
・児美川孝一郎（2013）『キャリア教育のウソ』筑摩書房。
・国立教育政策研究所生徒指導研究センター「キャリア発達にかかわる諸能力の育成に関する調査研究報告書」2011年。
・国立教育政策研究所教育課程研究センター『学級・学校文化を創る特別活動中学校編』、東京書籍、2016年。
・国立教育政策研究所教育課程研究センター『評価規準の作成，評価方法等の工夫改善のための参考資料（中学校 特別活動）』2011年。
・国立特別支援教育総合研究所「キャリアプランニング・マトリックス（試案）」2010年。
・静岡教育サークル「シリウス」編著（2015）『係活動 システム＆アイデア事典』明治図書。
・杉田洋（2009）『よりよい人間関係を築く特別活動』図書文化。
・杉田洋・鈴木栄子（2008）『教室環境づくり 早わかり』小学館。
・中央教育審議会「今後の学校におけるキャリア教育・職業教育の在り方について（答申）」2011年１月31日。
・中央教育審議会答申「チームとしての学校の在り方と今後の改善方策について」2015年12月21日。
・平木典子（2000）『自己カウンセリングとアサーションのすすめ』金子書房。
・平木典子（1993）『アサーション・トレーニング―さわやかな〈自己表現〉のために』金子書房。
・本田由紀（2009）『教育の職業的意義―若者、

学校、社会をつなぐ』筑摩書房。
・水野邦夫（2014）「構成的グループ・エンカウンターにおける感情体験が人間的成長に及ぼす影響：継続・研修型 の問題点に対する改善のための提言を含めて」『帝塚山大学心理学部紀要』第３号、pp.57-66。
・森田洋司（1985）「学級集団における「いじめ」の構造」『ジュリスト』No.836、有斐閣、pp.29-35。
・文部科学省『生徒指導提要』2010年。
・文部科学省『小学校キャリア教育の手引き＜改訂版＞』2011年。
・文部科学省「食に関する指導の手引－第１次改訂版－」2010年。
・文部省『小学校学習指導要領』1977年。
・文部省『小学校学習指導要領』1989年。
・文部科学省『小学校学習指導要領』2008年。
・文部科学省『小学校学習指導要領』2017年。
・文部科学省『中学校学習指導要領』2008年。
・文部科学省『中学校学習指導要領』2017年。
・文部科学省『高等校学習指導要領』2009年。
・文部科学省「実践研究 学校における情報モラル教育」『中等教育資料』2014年、No.942、pp.32-37。
・文部科学省「栄養教諭を中核としたこれからの学校の食育～チーム学校で取り組む食育推進のPDCA ～」2017年。
・文部科学省『高等校学習指導要領』2018年。

クラブ活動・部活動

・内田良（2017）『ブラック部活動―子どもと先生の苦しみに向き合う―』東洋館出版社。
・神谷拓（2015）『運動部活動の教育学入門―歴史とのダイアローグ―』大修館書店。
・黒井半太（2017）（仮名）「私立高校ブラック部活黒書―なぜ私学は「体育部推薦」制度をとるのか―」『季刊教育法』No.192、pp.40-43。
・加藤玲（仮名）他（2017）「私たちも黙っていられない！吹奏楽部の実態」『季刊教育法』No.194、pp.48-61。
・軍司貞則（2008）『高校野球「裏」ビジネス』筑摩書房。
・小入羽秀敬（2011）「教員の業務負担と学校組織開発に関する分析―部活動に着目して―」『国立教育政策研究所紀要』第140集、pp.181-193。
・櫻田裕美子（2017）「第７章クラブ（部）活動の特色」山崎英則／南本長穂編『新しい特別活動の指導原理』ミネルヴァ書房、pp.95-109。
・實田穂・大久保圭策［監修］（2013）、「ドラッグ問題をどう考えるか」編集委員会［編］『ドラッグ問題をどう教えるか』解放出版社。
・手束仁（2012）『高校野球マネー事情』日刊スポーツ出版社。
・西島央編著（2006）『部活動 その現状等これからのあり方』学事出版。
・日本体育協会 指導者育成専門委員会（2014）『学校運動部活動指導者の実態に関する調査報告書』。
・文部科学省『我が国の教員（前期中等教育段階）の現状と課題―国際教員指導環境調査（TALIS）の結果概要―』2014年。

学校行事

・大庭茂美（1999）「校歌･校訓･校章の研究（４）―沖縄県内の小学校を中心として―」『九州教育学会紀要』第27巻、pp.221-228。
・黄順姫（1998）『日本のエリート高校―学校文化と同窓会の社会史―』世界思想社、p.86。
・公益社団法人 日本修学旅行協会（2017）『教育旅行年報データブック2017』。
・佐藤秀夫（1987）『学校ことはじめ事典』小学館。
・佐藤一子（2001）「「青少年奉仕活動の義務化」批判－青少年の社会教育と奉仕活動」『教育』６月号、p.20。
・「青少年の社会奉仕体験活動と福祉教育・ボラ

ンティア学習の課題」『日本福祉教育・ボランティア学習学会年報』第7巻、pp.270-277。
・高旗正人・倉田侃司編著(1995)『教職専門シリーズ⑦特別活動』。
・千々布敏弥（1998）「校長のリーダーシップにおける講話の意義」中留武昭編著『学校文化を創る校長のリーダーシップ―学校改善への道―』エイデル研究所、pp.192-197。
・仁平典宏（2011）『「ボランティア」の誕生と終焉 ＜贈与のパラドックス＞の知識社会学』名古屋大学出版会。
・日本福祉教育・ボランティア学習学（2001）「奉仕活動の義務化」検討プロジェクト報告。
・平田宗史（1999）「我が国の運動会の歴史」吉見俊哉ほか『運動会と日本近代』青弓社。
・新谷恭明（1995）「明治期の師範学校に於ける修学旅行について―史料紹介;福岡尋常師範学校生徒の旅行日記」『九州大学教育学部紀要 教育学部門』(41)、pp.45-61。
・塩崎義明(2014)『学校珍百景―「学校あるある」を問い直す―』学事出版。
・「全国高等学校総合文化祭（長崎大会）高校生文化祭サミット部門実施要領」。
・内閣府「平成28年度文化に関する世論調査（平成28年9月調査）」(https://survey.gov-online.go.jp/h28/h28-bunka/index.html）最終アクセス日。
・野上暁（2015）『子ども文化の現代史 遊び・メディア・サブカルチャーの奔流』大月書店。
・元兼正浩（2010）『次世代スクールリーダーの条件』ぎょうせい。
・吉岡直子（1996）「判例における学校管理職の諸問題―学校行事運営と学校管理職―」『九州大学教育経営教育行政学研究紀要』第3号、pp.109-119。
・山本信良・今野敏彦（1987）『近代教育の天皇制イデオロギー 明治期学校行事の考察』新泉社。
・菊入三樹夫（1999）「修学旅行、その意味と問題―学習指導要領『特別活動』旅行・集団宿泊的行事の諸問題―」『東京家政大学博物館紀要』第4集。

学会関係書誌

・日本特別活動学会監修（2010）『新訂 キーワードで拓く新しい特別活動』東洋館出版社。

教員養成、免許

・石田美清ほか（2004）「教職課程における「教科以外の指導」に必要な資質能力に関する調査」『上越教育大学研究紀要』第23巻第2号、p.473。
・高旗正人・倉田侃司（1995）『特別活動 教職シリーズ⑦』ミネルヴァ書房。
・小林陽子・尾島恭子（2012）「教育職員免許法および教育職員免許法施行規則の変遷」『家政学原論研究』、p.25。
・新堀通也（1986）『教員養成の再検討』教育開発研究所。
・文部科学省初等中等教育局教職員課「教育職員免許法・同施行規則の改正及び教職課程コアカリキュラムについて 資料1-1『小学校』見直しイメージ」2016年。
・吉田尚史（2016）「昭和63年教育職員免許法における専門性向上政策と教師像について」『福岡女学院大学紀要』pp.109-118。

その他

・内田良（2015）『教育という病』光文社。
・厚生労働省編（2017）『薬物乱用は「ダメ。ゼッタイ。」』(薬物乱用防止読本、「健康に生きよう」パート31)。
・はたちさこ・藤井ひろみ・桂木祥子編著（2016）『学校・病院で必ず役立つLGBTサポートブック』保育社。
・森山至貴（2017）『LGBTを読みとく』筑摩書房。

教育職員免許法における特別活動の位置

演習課題

月　　日（　）　学籍番号

氏名

特別活動の位置

1　特別活動の指導に求められる教員の資質力量が各時期別にどのように変化してきたのか、教育職員免許法の変遷過程を踏まえながら記入してください。

時期	求められる教員の資質力量
1989年	
1998年	
2007年	
2016年中教審答申以降（今後）	

時間旅行の旅にでよう

◎大学で教育学を学ぶことの意義の一つとして、自身のこれまでの被教育体験を振り返ることにより、自己のアイデンティティ形成要因を探ることができます。経験を振り返ってみましょう。

2　あなたは小・中・高をどこですごしましたか？（答えられる範囲で結構です。）

小学校	都・道・府・県	立	小学校
中学校	都・道・府・県	立	中学校
高等学校	都・道・府・県	立	高等学校

3　小・中・高校時代のエピソードを思い起こして記入してください。また、記入した内容の中で特別活動の領域と思われるものに下線をひいてください。

エピソード／学年	（小学校５・６年／記入例）バレンタインデーにチョコをもらい大事に家に持って帰ったら、いつの間にか親に食べられていた。 （中学校２年／記入例）運動会で応援団長を任せられて、ストレスも多かったが、クラスのみんなを盛り上げることができた。
小学校 １・２年	
小学校 ３・４年	
小学校 ５・６年	
中学校	
高等学校	

「鍵」ワード　ランドセル　砂場　クリスマス　先輩　修学旅行　運動会　プール　入学式　遠足　体操服　保健室　秘密基地　消しゴム　三輪車　盆踊り　トランプ　お年玉　日記帳

特別活動の意義

演習課題

月　　日（　）　学籍番号＿＿＿＿＿＿＿＿

氏名＿＿＿＿＿＿＿＿

特別活動の4領域

1　第5章～第16章を参考に、特別活動の具体的内容を振り返りましょう。

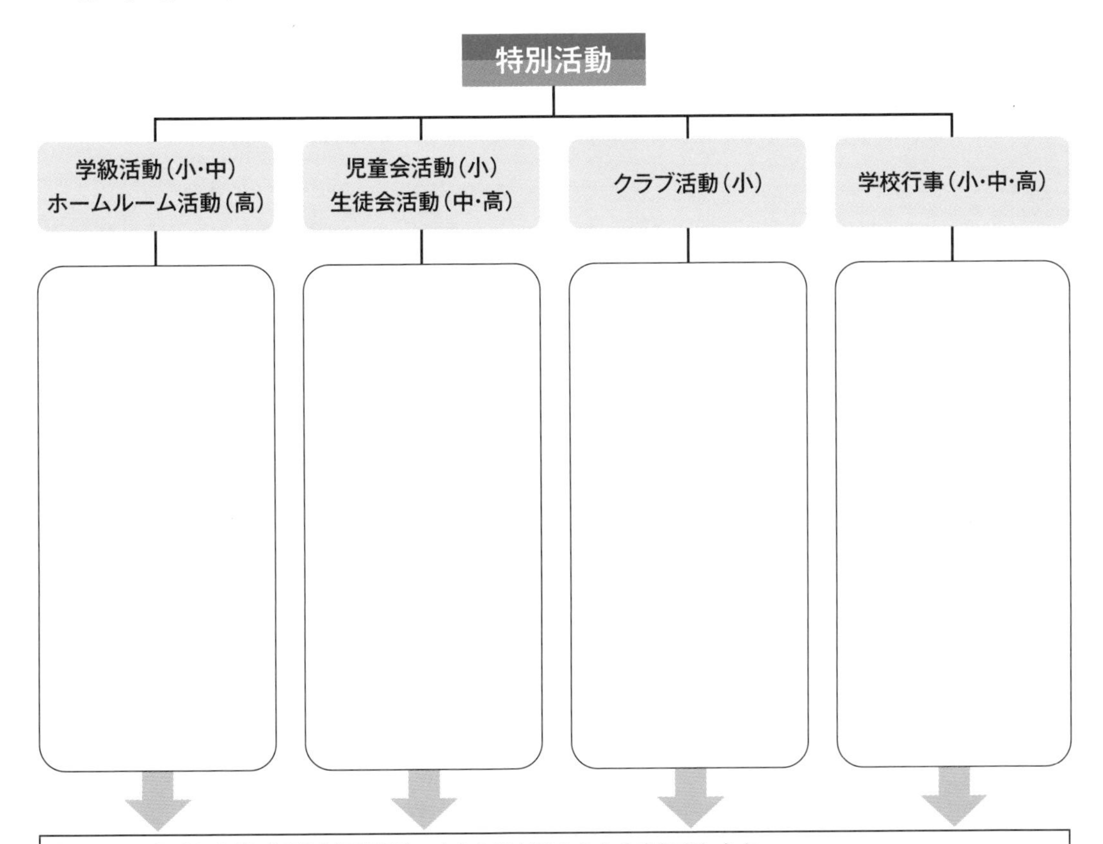

①これまで経験した特別活動を振り返り、あなたはどのような力を得ましたか。

②次の頁の新聞記事を読み、なぜ特別活動が国際的に注目されているかについて考えましょう。

学校週5日制

2　小・中・高等学校時代を振りかえって、土曜日にどのような過ごし方をしていましたか？自分なりに有意義だったと思える土曜日の思い出があれば、あわせて書いてみましょう。

小学校	
中学校	
高等学校	

3　土曜授業の復活について、あなたは賛成ですか？反対ですか？自分の意見を書いてみましょう。

4　学校週5日制の導入背景や、土曜日の受け皿づくり、学校以外の教育産業の発展などについて、知っていることを書いてみましょう。事前学習の時間があれば、調べたことを書いてみましょう。

ディベート・フローシート

肯定側

否定側

論題

肯定側立論 （　　　分）	否定側質疑 （　　　分）	否定側立論 （　　　分）	肯定側質疑 （　　　分）	否定側第一反駁 （　　　分）	肯定側第一反駁 （　　　分）

▶学校週5日制・授業時数の確保をめぐる動向

現在、土・日曜日に、お子さんはどのように過ごされることが多いですか。

項目	%
部活動への参加	47.6
家庭での学習	7.3
図書館・博物館などの公共施設での学習	1.8
塾などでの学習	8.1
地域行事や体験活動への参加	5.8
家族とのふれあい・語らい	21.8
遊び・趣味など	39.7
テレビ・ゲームなど	28.0
休養・ゆっくり過ごすこと	24.7
その他	4.8
不明	2.4

0 10 20 30 40 50 60 70 80 90 100%

社団法人日本PTA全国協議会「学校教育改革についての保護者の意識調査」

公立学校の完全学校週5日制を、完全学校週6日制に戻したほうがよいという意見があります。これについて、あなたはどう思いますか。

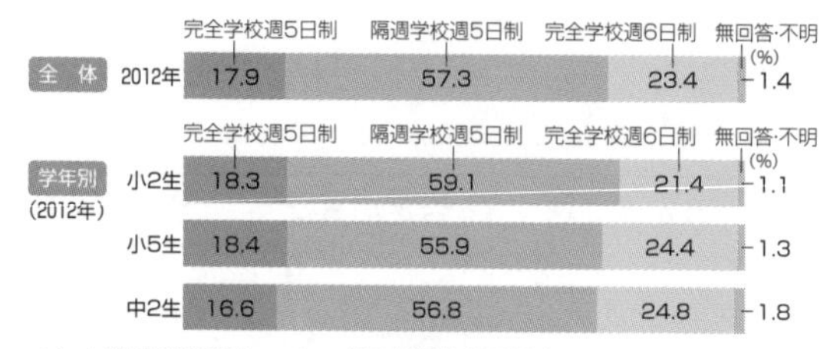

ベネッセ教育研究開発センター・朝日新聞社共同調査
「学校教育に対する保護者の意識調査」

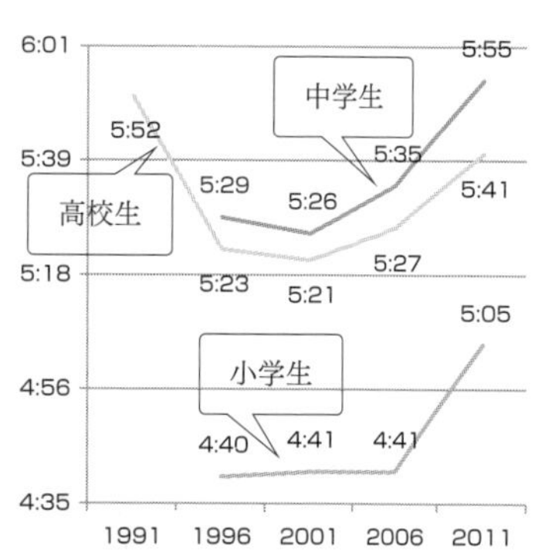

在学生の学業時間の推移(週全体の1日平均)
「社会生活基本調査」より作成

	読解力	数学的リテラシー	科学的リテラシー
00年(32か国)	8位(522点)	1位(557点)	2位(550点)
03年(41か国)	14位(498点)	6位(534点)	2位(548点)
06年(56か国)	15位(498点)	10位(523点)	6位(531点)
09年(65か国)	8位(520点)	9位(529点)	5位(539点)

PISA調査の順位

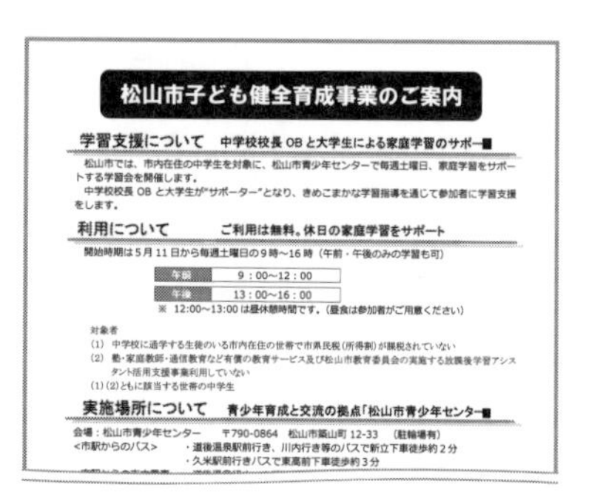

松山市子ども健全育成事業のご案内

学習支援について 中学校校長OBと大学生による家庭学習のサポー

松山市では、市内在住の中学生を対象に、松山市青少年センターで毎週土曜日、家庭学習をサポートする学習会を開催します。

中学校校長OBと大学生が"サポーター"となり、きめこまかな学習指導を通じて参加者に学習支援をします。

利用について ご利用は無料。休日の家庭学習をサポート

開始時期は5月11日から毎週土曜日の9時～16時(午前・午後のみの学習も可)

午前	9:00～12:00
午後	13:00～16:00

※ 12:00～13:00は昼休憩時間です。(昼食は参加者がご用意ください)

対象者

(1) 中学校に通学する生徒のいる市内在住の世帯で市県民税(所得割)が課税されていない

(2) 塾・家庭教師・通信教育など有償の教育サービス及び松山市教育委員会の実施する放課後学習アシスタント活用支援事業利用していない

(1)(2)ともに該当する世帯の中学生

実施場所について 青少年育成と交流の拠点「松山市青少年センター

会場:松山市青少年センター 〒790-0864 松山市築山町12-33 (駐輪場有)

<市駅からのバス> ・道後温泉駅前行き、川内行き等のバスで新立下車徒歩約2分
・久米駅前行きバスで東高前下車徒歩約3分

土曜日の活用を通した社会教育・福祉事業の活性化

国による学校週6日制の検討

読売新聞「学校週6日制、土曜の「道徳」「総合」案を軸に」2013年3月19日。

文部科学省「「土曜授業に関する検討チーム」中間まとめ」2013年6月28日。

競技ディベート

ディベート 意見の対立を前提とした議論。意見の一致を目指して行うものではない。自分の意見と関係なく、決められた立場に応じて論じる。

立論 自分のチームの立場を、論拠に基づいて明確に示す。

質疑応答 不明な点や論争にすべきポイントを確認する。あとの反駁で有効なウィークポイントを引き出す。質疑応答での返答・合意は、そのあとのスピーチで活用されない限り議論とみなされない。

反駁 相手の議論に反論するとともに、自分たちの議論を立て直す。なぜ自分たちのチームのほうがより良い議論を展開したかを強くアピールする。新たな論点の提示はできない。

ディベートの進行

①肯定側立論	②否定側質疑	③否定側立論	④肯定側質疑
⑤作戦タイム	⑥否定側第一反駁	⑦肯定側第一反駁	

参考:松本茂『日本語ディベートの技法』七寶出版、2001年。

5　小･中学校の教育課程

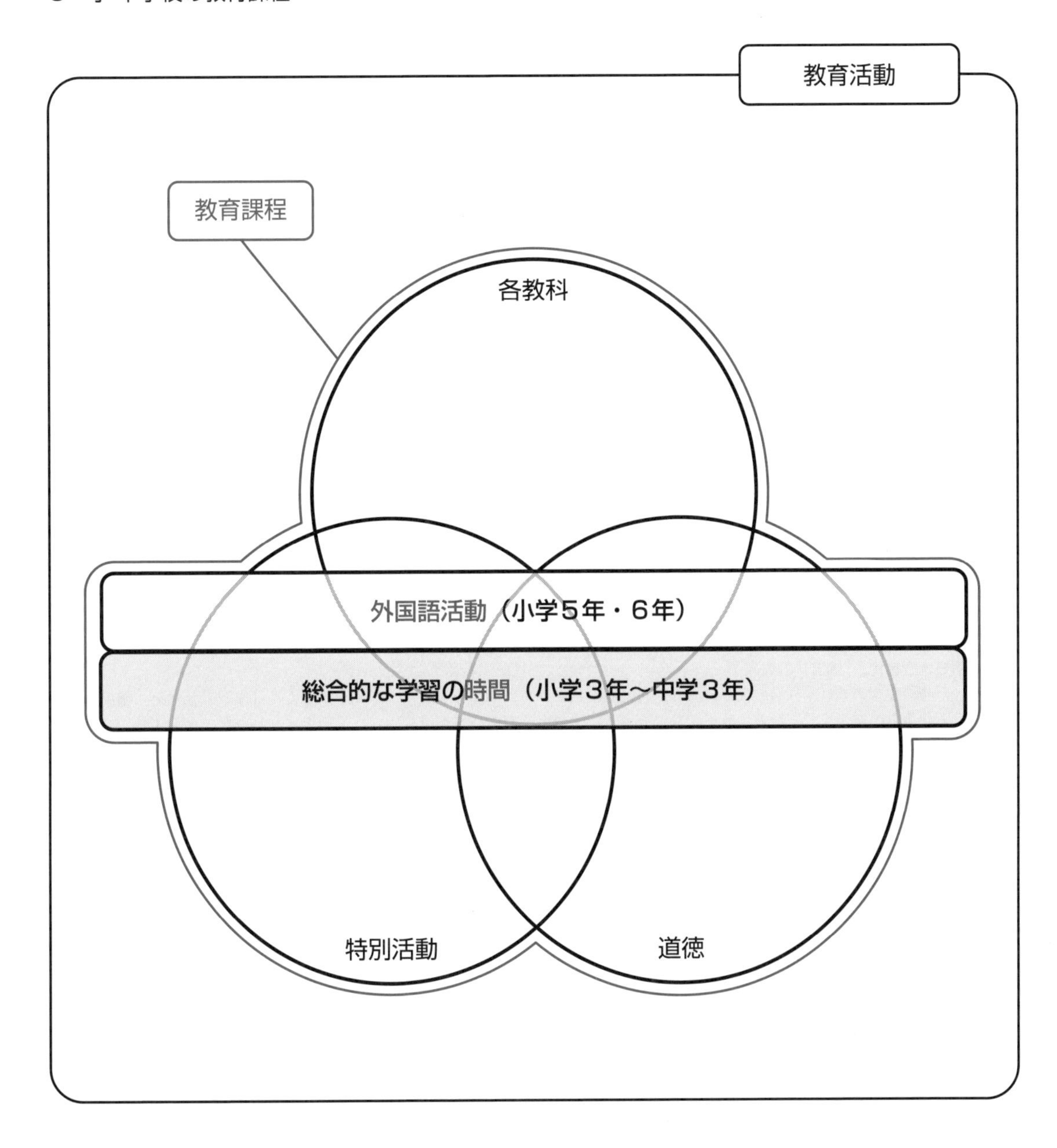

「特活」世界が注目　学校の掃除・給食礼儀養う　昨年度、79カ国から視察

学校の掃除や給食など、教科の授業以外の特別活動（特活）が、「tokkatsu（トッカツ）」として海外から注目されている。規律正しさや社会性の育て方を日本に学ぼうと、各国の教育関係者が相次いで視察に訪れている。文部科学省は、特活を含めた日本の教育の「輸出」を準備中だ。

「子どもたちは掃除や給食当番などの特別活動で、社会性を身につけます」

■1日3時間も

今月13日、特活に力を入れる東京都八王子市の市立弐分方（にぶかた）小学校（児童430人）の清水弘美校長（54）が、視察に訪れたエジプト政府の高官ら7人に話した。同校は特活に力を入れている。清水校長はこの日、「児童が授業を受けるのは1日3時間半で、3時間は特別活動」と説明した。特活の特徴は、先生が教えないこと。子どもたちが自分たちで考え、活動する時間だ。小学校では、給食や掃除の1日計1時間程度が一般的。これに週1コマの学級会や、クラブ活動などが加われば1日2～3時間に及ぶこともある。運動会などの行事も特活だ。一行は特活の一つ、1年生の学級会を視察。先生が教室のごみやほこりの写真を示す。「みんなが掃除した後に先生がもう一度掃いてみました。気づいたことはある？」「汚いっ」「掃除した後なのにごみが落ちてる！」。子どもたちから声が上がった。そこで、先生が質問を重ねる。「どうしたらいいと思う？」班ごとに考える時間を持った後、各班が「端から端まで掃く」「隅も拭く」「遊びたくても我慢する」などの対策を発表。この日の掃除の時間になると、子どもたちは自分たちが考えた対策を実践した。

■日本型で100校

視察したエジプトの元高等教育大臣でカイロ大教授のハニー・ヒラールさんは「特活では自分たちで考えて行動する力を育てられる。よりよい教育のためには日本の特活が必要だ」と話す。エジプトの教育は知識を教えることが中心で、特活はないという。ヒラールさんらは各国の教育制度を調査し、日本の特活に注目。現在、エジプトで日本型教育を採り入れた学校を約100校つくる構想があるという。視察団を招いた国際協力機構（JICA、本部・東京）によると、海外の学校では特活は一般的でないという。特活など日本型教育の視察に来る海外の教育関係者は年々増え、2000年度は43カ国172人だったが、14年度は79カ国617人に上った。JICAの広報担当者は「特活への注目度が高まったことが背景にある。日本人の礼儀正しさなどを育てるものだと受け止められているようだ」と話す。（貞国聖子）

■日本型教育、「輸出」の機運

特活を含め、日本独自の教育に海外から関心が集まっていることを背景に、文部科学省は日本型の教育を「輸出」する仕組みの準備をしている。今年8月に発表した来年度予算の概算要求に1・5億円を盛り込んだ。来年4月にも、在京大使館やJICA、民間企業や自治体、学校法人などでつくる会議「日本型教育の海外展開官民協働プラットフォーム」を設立する予定だ。各大使館から教育についてのニーズを細かく聞き取り、支援では、小中高校で行われる掃除当番や学校行事などについて、仕組みを学びに来てもらったり、教えに行ったりする。「輸出」先は中東やアジア、アフリカなどの今後成長が見込める国を想定している。文科省には既に企業から問い合わせが相次ぐ。パソコンやスマホを使った教育サービスや、運動会などのスポーツイベント企画やコーチ派遣をする会社のほか、海外展開したい塾からの相談もあった。海外で製造業やサービス業に人材を派遣する会社も関心を持っているという。文科省は会議設立後、「輸出」のニーズを検討し、来年度中には「輸出第1号」に着手する方針だ。（高浜行人）

（朝日新聞夕刊　2015年10月24日）

描いてみよう

6 「集団と私」

あなたにとっての望ましい集団とは？集団と私を二つの円で表すとどのような円が描けるでしょうか。

参考：金井壽宏（1999）『経営組織』日本経済新聞社。

クラブ活動・部活動

演習課題

月　　日（　）　学籍番号

氏名

クラブ活動を考える

1　あなたは小学校時代、何のクラブに入っていましたか。また、クラブ活動で何を学びましたか。

2　児童の希望が１つのクラブに集中した場合、教師はどのような配慮をするべきでしょうか。

3　学校週５日制の導入や、学習指導要領改訂を背景とした時数確保の困難性から、「クラブ活動のリストラ」が進んでいます。この状況へのあなたの意見を記入してください。

賛成・反対

理由

（参考）学校週５日制導入（2002年度～）による特別活動（小学校）授業時数の変化

	1年	2年	3年	4年	5年	6年
1989(平成元)年	34	35	35	70	70	70
1998(平成10)年	34	35	35	35	35	35
2008(平成20)年	34	35	35	35	35	35

部活動の意義と課題

4　部活動を通してあなたは何を得ましたか？また、失ったことはありますか？

5　設問４を踏まえ、部活動の意義を考えましょう。

6　設問４を踏まえ、部活動の問題点を考えましょう。

7　p.113の資料を読み、今後の部活動の在り方について、あなたなりの考えを整理してください。

▶部活動

中学校・高等学校で行われる課外活動であり、教育課程には位置付けられていない。しかし近年、部活動が担う役割へ期待が高まっている。

中学校学習指導要領解説 総則編

13　部活動の意義と留意点等（第1章第4の2(13)）

> (13) 生徒の自主的，自発的な参加により行われる部活動については，スポーツや文化及び科学等に親しませ，学習意欲の向上や責任感，連帯感の涵養等に資するものであり，学校教育の一環として，教育課程との関連が図られるよう留意すること。その際，地域や学校の実態に応じ，**地域**の人々の協力，**社会教育施設**や**社会教育関係団体**等の各種団体との連携などの運営上の工夫を行うようにすること。

中学校教育において大きな役割を果たしている「部活動」については，前回の改訂により，中学校学習指導要領の中でクラブ活動との関連で言及がなされていた記述がなくなっていた。これについて，平成20年1月の中央教育審議会の答申においては，「生徒の自発的・自主的な活動として行われている部活動について，学校教育活動の一環としてこれまで中学校教育において果たしてきた意義や役割を踏まえ，教育課程に関連する事項として，学習指導要領に記述することが必要である。」との指摘がなされたところである。

本項は，この指摘を踏まえ，生徒の自主的，自発的な参加により行われる部活動について，

①スポーツや文化及び科学等に親しませ，学習意欲の向上や責任感，連帯感の涵養，互いに協力し合って友情を深めるといった好ましい人間関係の形成等に資するものであるとの意義，

②部活動は，教育課程において学習したことなども踏まえ，自らの適性や興味・関心等をより深く追求していく機会であることから，第2章以下に示す各教科等の目標及び内容との関係にも配慮しつつ，生徒自身が教育課程において学習する内容について改めてその大切さを認識するよう促すなど，学校教育の一環として，教育課程との関連が図られるようにするとの留意点，

③地域や学校の実態に応じ，スポーツや文化及び科学等にわたる指導者など地域の人々の協力，体育館や公民館などの社会教育施設や地域のスポーツクラブといった社会教育関係団体等の各種団体との連携などの運営上の工夫を行うとの配慮事項，

をそれぞれ規定したものである。

各学校が部活動を実施するに当たっては，本項を踏まえ，生徒が参加しやすいように実施形態などを工夫するとともに，休養日や活動時間を適切に設定するなど生徒のバランスのとれた生活や成長に配慮することが必要である。

部活動の顧問の有無別における勤務日1日あたり平均残業時間（中学校のみ）【教諭】

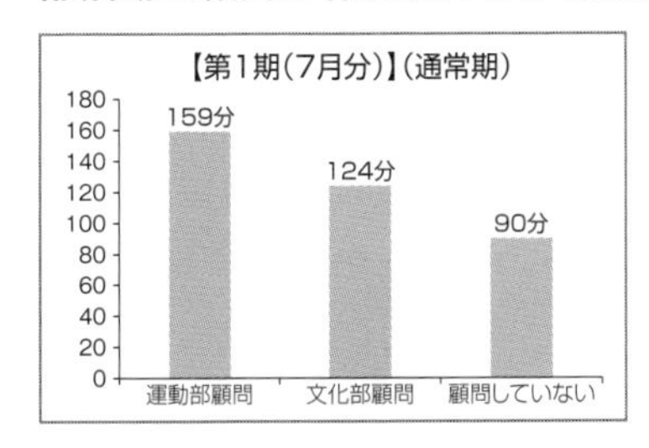

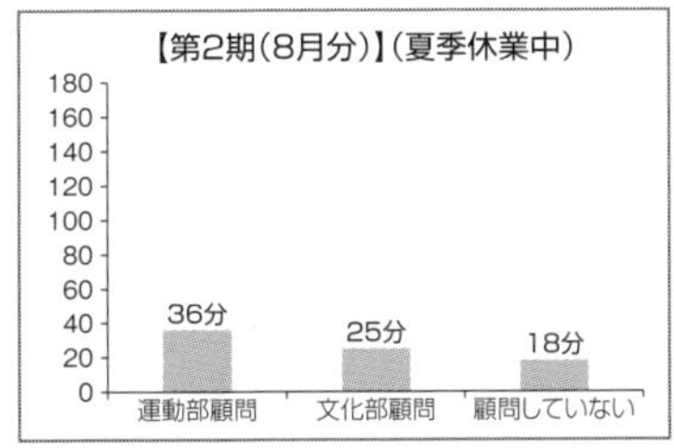

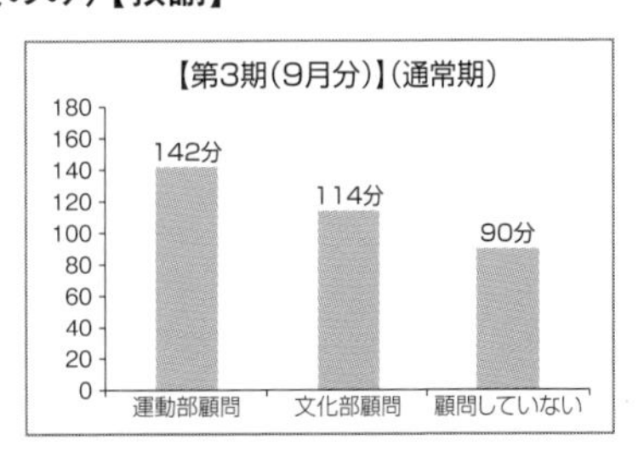

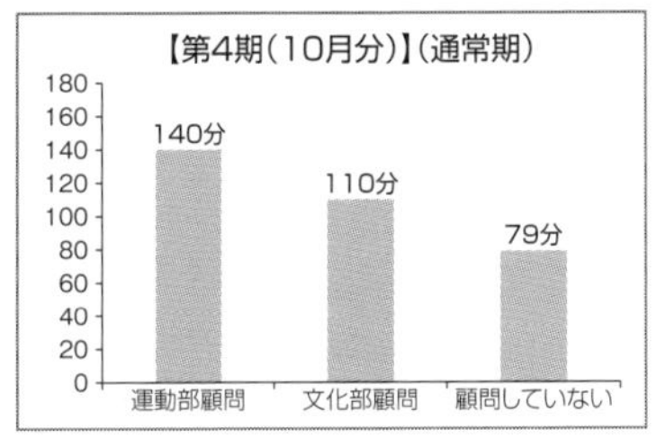

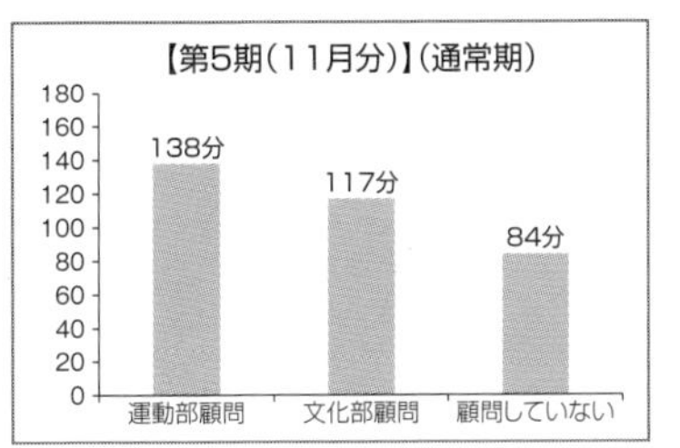

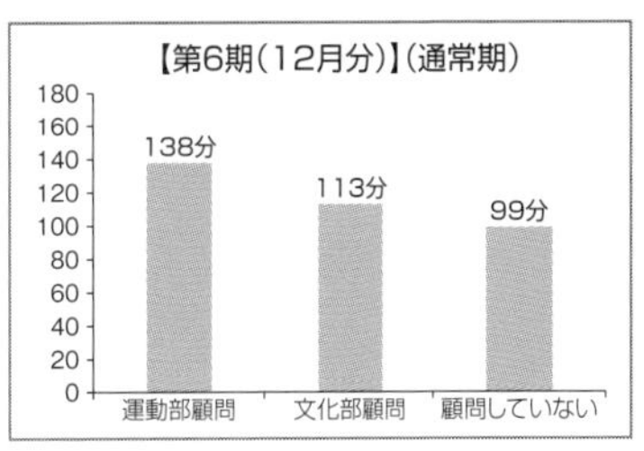

文部科学省「学校を取り巻く現状に関するデータ」平成20年12月11日
http://www.mext.go.jp/b_menu/shingi/chukyo/chukyo3/042/siryo/__icsFiles/afieldfile/2009/02/20/1223048_1.pdf（最終確認:2013年5月10日）

▶部活動が抱える課題

①少子化による部の統廃合

②指導者及び生徒の過重負担

③顧問教師の不足

④地域における指導員不足

（高橋哲夫・原口盛次・井上裕吉・今泉紀嘉・井田延夫・倉持博編『特別活動研究 第三版』教育出版、2010年、pp.205-206）

▶部活動落雷損害賠償請求事件

事故概要

1996年、学校法人Ａ高等学校に在籍し、同サッカー部に所属していた生徒X_1（当時高校１年）がＢ市Ｃ運動広場で開催されたＢ市体育協会主催の「第10回Ｂユース・サッカー・サマー・フェスティバル」に参加。Ｂ市体育協会（大阪府教育委員会の認可を受けて設立されたスポーツ振興等を主な目的とする財団法人）が加盟団体である権利能力なき社団であるＢ市サッカー連盟に実行委員会を設置させて大会を開催、Ａ高校の甲野教諭がサッカー部の監督であった。

事故当日、Ａ高校の第１試合が開始された午後１時50分頃には上空には雷雲が現れ、小雨が降り始め、時々遠雷が聞こえる状態であった。同試合が終了した午後２時55分頃には上空に暗雲が立ち込めて暗くなり、ラインの確認が困難なほどの豪雨が降り続いた。午後３時15分頃には大阪管区気象台から雷注意報が発令されたが、大会関係者はこのことを知らなかった。第２試合開始の直前頃には雨がやみ、上空の大部分は明るくなりつつあったが、南西方向の上空には黒く固まった暗雲が立ち込め、雷鳴が聞こえ、雲の間で放電が起きるのが目撃された。

第２試合は午後４時30分頃開始され、午後４時35分頃、サッカー部員が頭部に落雷を受け、転倒、意識不明となった。その後視力障害、両下肢機能の全廃、両上肢機能の著しい障害等の行為障害が残った。

X_1とその両親、兄は、Ａ高・Ｂ市体育協会に対して、X_1を危険から保護するため万全の配慮をする義務を怠ったなどとし、債務不履行・不法行為に基づく損害賠償を請求した。

演習課題

月　　日（　）　学籍番号

氏名

部活動顧問の注意義務・安全配慮義務

8　部活動における事故を経験した、もしくは見聞きしたことがありますか。
それはどのような事故でしたか。

9　設問1の事故において、部活動顧問・学校はどのような対応を取っていましたか。

《ポイント》
課外のクラブ活動であっても、それが学校の教育活動の一環として行われるものである以上、その実施について、顧問の教諭を始め学校側に、生徒を指導監督し事故の発生を未然に防止すべき一般的な注意義務のあることを否定することはできない
（「町立中学校の生徒が課外のクラブ活動中の生徒とした喧嘩により左眼を失明した事故につきクラブ活動に立ちあっていなかった顧問の教諭に過失がないとされた事例」（最高裁判所第二小法廷昭和58年2月18日判決））

10　あなたが部活動顧問としてp.114の大会に参加していた場合、どのような行動をとりますか。

11　部活動が抱える課題について、あなたの考えを記入してください。

《調べてみよう》

p.114の事故は実際に起こったものです。この事故に対してどのような判決がなされたか、調べてみよう。

部活動における体罰問題

p.117のケースを読み、以下の設問に回答してください。

12　あなたは保護者に対し、どのように対応しますか。

保護者A

保護者B

13　あなたは菅原教諭に対し、どのように対応しますか。

14　あなたは部活動生徒に対し、どのように対応しますか。

15　梅ヶ枝高校ではなぜこのような問題が生じてしまったのでしょうか。
あなたの考えを記入してください。

▶部活動における体罰

梅ヶ枝高校サッカー部体罰顧問!?

県立梅ヶ枝高校サッカー部は過去10年間でインターハイに7回出場するほどの強豪校であり、あなたはこのサッカー部の副顧問である。

サッカー部を率いるのは菅原教諭であり、菅原教諭はあなたの大学時代のゼミの後輩である。菅原教諭の指導者としての名声は全国的にも高く、学区内に転居してでも同校に通いたいという生徒も多数いるほどである。また、菅原教諭は生徒指導についても優れた能力を発揮しており、県内有数の荒れた学校であった梅ヶ枝高校を立て直し、現在のように規律ある校風を保っている立役者でもある。その実績からか、原則として5～7年で別の学校に異動させる県の方針に反して、菅原教諭は20数年間にわたり同校に勤務し続けている。

校長も菅原教諭を高く評価しており、また、まわりの教職員や生徒たちも、菅原教諭を「情熱を持って指導する熱い先生」として一目置いており、梅ヶ枝高校にとって無くてはならない存在であるといえる。

そんなある日、サッカー部の保護者数名が連れ立ってあなたのもとを訪れた。話を聞いていると、二つのグループで対立しているようだ。

保護者A：先生!菅原先生がひどい体罰を行っていることは校内でも有名な話ですし、特にサッカー部では目に余るものがあります。いくら有名監督だからって、いつまで放置するつもりですか。大きな問題が起きてからでは取り返しがつかないですよ。直ちに改善されなければ、マスコミにこのことを報じてもらいますよ。

と、一方のグループの保護者があなたに食ってかかると、

保護者B：もうじき県大会が始まるというこの時期に、どうしてそんな話を持ち出すんですか?私たちの息子はレギュラーとして必死に菅原先生のご指導を仰いでいます。補欠のお子さん方のやっかみで、大事な大会を台無しにしないでください。

と、もう一方のグループの保護者が応酬し、お互い一歩も引かない。

確かに、あなたも菅原教諭が体罰を行っていることを問題視しており、折に触れて注意を促してきたところだ。しかし、当の菅原教諭は全くその自覚が無いばかりか、

菅原教諭：強い部にするためにはそれなりの指導は必要です。私のやり方が気に入らないというなら、クビにでも何でもしてください。

と、開き直る始末である。

(『教育行政の費用効果分析の可能性及び「校長の専門職基準」の再検討』
(科学研究費研究成果中間報告書、研究代表者 元兼正浩)2013年、p.28を改変)

16　部活動を目的とした進路選択（高校・大学）、「特待生制度」、「部活動留学」についてあなたの考えを整理してください。

17　体罰はなぜ生じるのでしょうか。その理由について考えてみましょう。また、体罰を防ぐにはどういう方法があるのかについても考えましょう。

06 学級活動（1）学級づくり

演習課題

月　　日（　）　学籍番号＿＿＿＿＿＿＿＿

氏名＿＿＿＿＿＿＿＿

よりよい生活づくり

1 〈個人〉あなたが感じている＿＿＿＿＿＿＿＿＿＿大学・学部の問題点について考えましょう。

2 〈グループワーク〉①1で各自が考えた問題点をグループで共有します。②次に、出てきた問題点の中から、特に緊急性・重要性の高いものを1つ選びます（「問題点」欄に記入）。③最後に、グループで選んだ問題点の解決策を出し合い、取り組みやすさ、効果の高さの観点からまとめましょう（「解決策」欄に記入）。

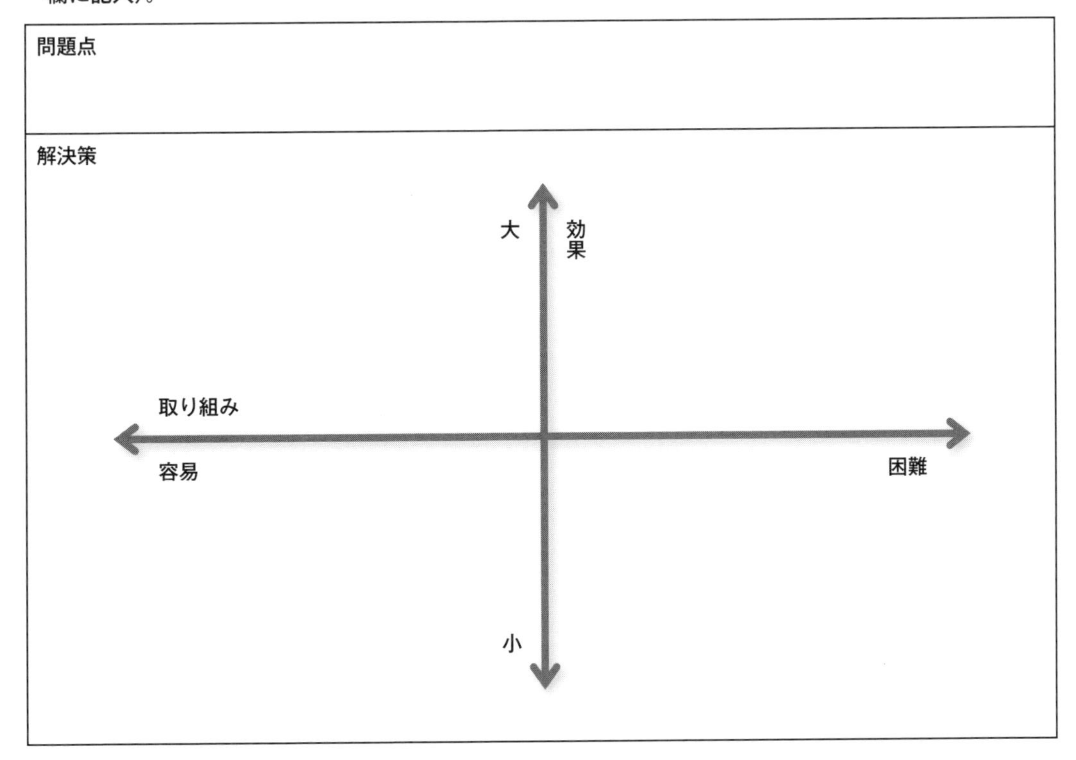

3 〈学級会〉司会者と書記を決め、学級会を開きましょう。

テーマは「今、取り組むべき＿＿＿＿＿＿＿＿＿大学・学部の問題点とその解決策」です。２で各グループが考えた問題点と解決策を発表し合い、その中から、＿＿＿＿＿＿＿＿＿大学・学部が取り組むべき問題点を１つ選び、学級全体で解決策を話し合いましょう。

【学級会の進め方】

１．はじめの言葉　２．議題と進め方の確認　３．話合い　４．決定事項の確認　５．終わりの言葉

司会者（　　　　　　　　）　書記（　　　　　　　　）

〈話し合いメモ〉注目した発言・自分の考えの変化など

〈決定事項〉

学級活動(2) 学級指導

演習課題

月　　日(　)　学籍番号＿＿＿＿＿＿＿＿

氏名＿＿＿＿＿＿＿＿

1　次の活動が学級活動(1)と学級活動(2)のどちらで取り扱われるものか、○をつけて分類してみましょう。

活動	○をつけましょう
互いの良さを知る活動	学級活動(1)・学級活動(2)
防犯に関する学習	学級活動(1)・学級活動(2)
集会活動の計画	学級活動(1)・学級活動(2)
学級における係活動の実践	学級活動(1)・学級活動(2)
子どもの仲直り	学級活動(1)・学級活動(2)
給食に関連した食育	学級活動(1)・学級活動(2)

2　次のような場面での子どものアサーティブな表現を考えてみましょう。また、ペアでロールプレイをしてみましょう。

場面1

日直2名は、放課後に黒板を掃除して帰ることがこの学校のルールです。あなたは、Aさんと日直を担当していますが、放課後、Aさんは掃除をせずに下校しようとしています。Aさんに対して、どのように対応しますか。

場面2

係活動を決める際に友人のBさんから「同じ○○係に立候補しよう」と誘われました。しかし、あなたは□□係に立候補しようと思っていて戸惑いました。Bさんに対してどのように返事をしますか。

ピア・サポート

グループ構成	内容		所要時間
個人（1人）	○非言語コミュニケーション1（体力を測定しよう） ○非言語コミュニケーション2（ペアの相手を探そう）		5分
ペア（2人）	○以心伝心ゲーム		5分
	○話す練習（自分を紹介しよう）		3分×2
	○聞く練習（友達を知ろう）		3分×2
グループ（4~6人）	○話す練習（友達をみんなに紹介しよう）		3分/人
	○みんなで絵を描いてみよう		10分

あなたが、学級担任としてピア・サポートを実施することを想定し、以下の問いに答えてください。

3　ピア・サポートは、どのような集団又は状況で望ましいと思いますか。

4　ピア・サポートを行う際に、何に注意を払うべきだと思いますか。

食育

下記の図表には、朝食の摂取と学力調査の平均正答率との関係が示されています。

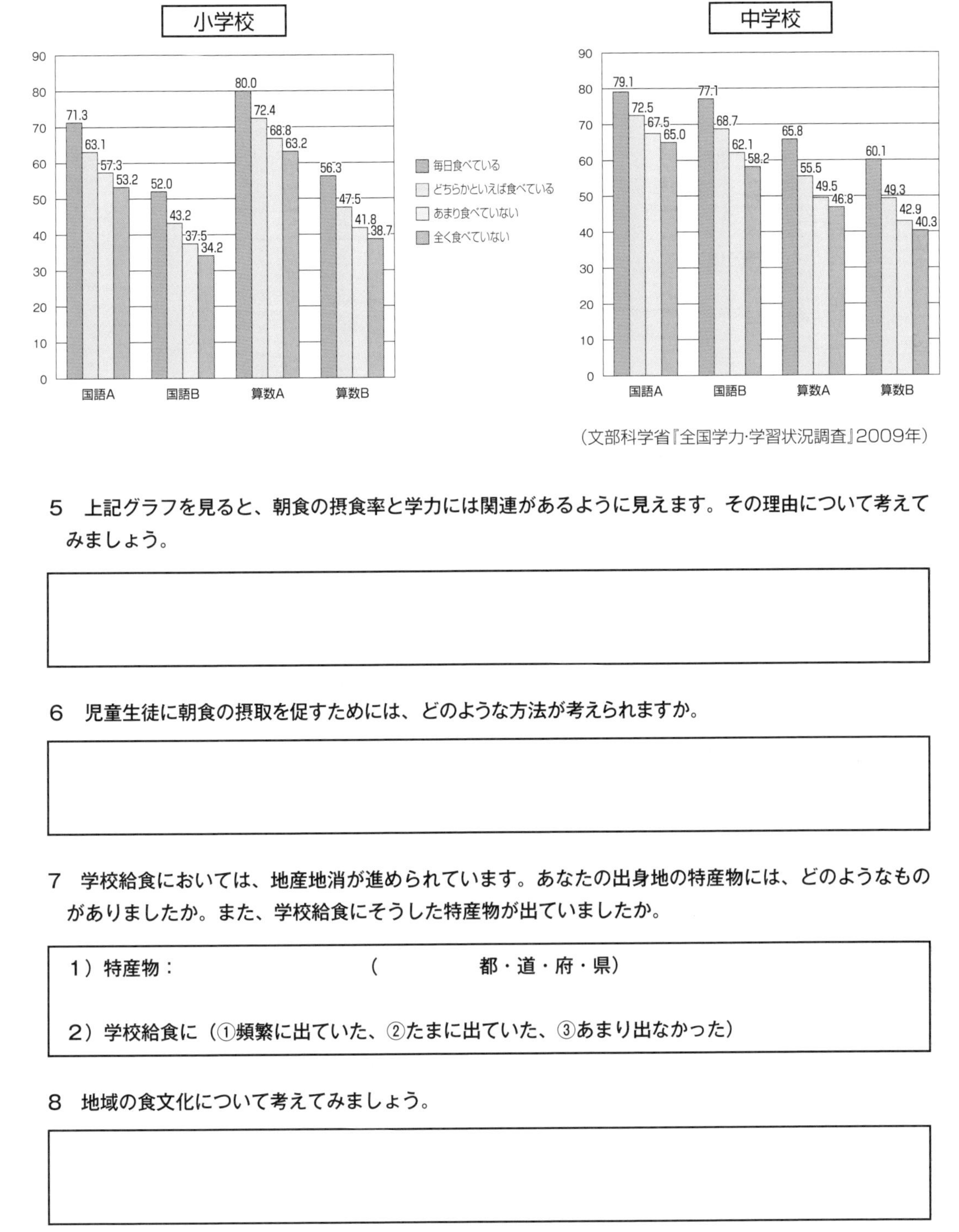

（文部科学省『全国学力·学習状況調査』2009年）

5　上記グラフを見ると、朝食の摂食率と学力には関連があるように見えます。その理由について考えてみましょう。

6　児童生徒に朝食の摂取を促すためには、どのような方法が考えられますか。

7　学校給食においては、地産地消が進められています。あなたの出身地の特産物には、どのようなものがありましたか。また、学校給食にそうした特産物が出ていましたか。

1）特産物：　　　　　　　　　　　（　　　　　　都・道・府・県）

2）学校給食に（①頻繁に出ていた、②たまに出ていた、③あまり出なかった）

8　地域の食文化について考えてみましょう。

▶望ましい集団とは　ーいじめの四層構造論についてー

「いじめ」を説明する代表的な理論として、「四層構造論」（森田 1985）がある。この理論では、「いじめ」の場を「いじめっ子」、「いじめられっ子」だけでなく、周りで面白がったり見ていたり、はやし立てる「観衆」、および見て見ぬふりをしている「傍観者」の四者の相互作用によるものと解釈している。

学級集団において、「四層構造論」に着目した「いじめ」の研究では、「いじめ」の発生が「傍観者」の存在によって影響されていることが明らかにされている。一方、現代社会における自己への関心の高まり、過剰消費社会の影響といった、「私事化」や「個人化」の流れでは、「傍観者」という存在の増加が懸念されており、「いじめ」問題について、地域社会と教育現場に、より実質的な対応と協力が求められている。

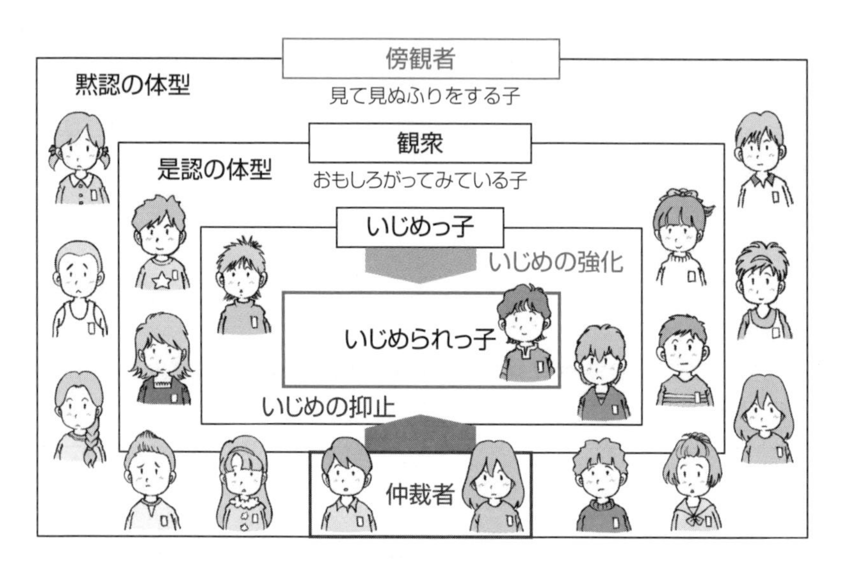

（森田洋司「学級集団における「いじめ」の構造」『ジュリスト』No.836　有斐閣、1985年、pp.29-35）

▶学級活動(2)の事例　ー食育についてー

学校における食育の推進

平成17年	栄養教諭制度が導入
	食育基本法が制定
平成18年	食育推進基本計画が策定
平成20年	学習指導要領総則に「学校における食育の推進」が位置づけられる

食育の目標

- 食事の重要性、食事の喜び、楽しさを理解する。
- 心身の成長や健康の保持増進の上で望ましい栄養や食事の取り方を理解し、自ら管理していく能力を身に付ける。
- 正しい知識・情報に基づいて、食物の品質及び安全性などについて自ら判断できる能力を身に付ける。
- 食物を大事にし、食物の生産等に関わる人々へ感謝の心をもつ。
- 食事のマナーや食事を通じた人間関係形成能力を身に付ける。
- 各地域の産物、食文化や食にかかわる歴史などを理解し、尊重する心をもつ。

食育指導のポイント

- **栄養教諭の専門性**を生かしながら、学級活動のみならず、**教育活動全体において指導**すること。
- 正しい食習慣、食品の産地や栄養的特長など、学習したことを、**学級給食を通して確認および実践**させること。

（文部科学省『食に関する指導の手引』2010年）

08 学級活動（3） キャリア形成と自己実現

演習課題

月　　日（　）　学籍番号

氏名

キャリア教育とは？

1 「進路指導」という言葉から何を思い浮かべますか。（マインドマップ）

2 なぜ、普通教育を行う小学校・中学校でキャリア教育を行う必要があるのでしょうか。

ケーススタディ1

あなたはＡ小学校５年１組の担任です。２学期が始まり１ヶ月が経ったものの、学級の係活動がうまく機能していないようです。２学期の係は子どもたちが自分たちで考え設定したものでしたが、学級内では「○○係は仕事をしていない」といった声が出始めています。また、お互いの係活動に対して不満を募らせるばかりで児童同士で注意しあう様子は見られません。

このような状況を改善するために、あなたは明日の学級活動を使い学級全体へ指導をすることにしました。

3 上のようなケースはなぜ起こったと思いますか。

4 5年１組の児童へ、あなたはどのような学級指導を行いますか？

職場体験、就業体験を振り返る

5　中学・高校の職場体験、就業体験ではどこに行き、何を学びましたか？（大学でのインターンシップ、もしくは「予想される意義」でも構いません。）

6　職場体験、就業体験とアルバイトは何が違うのでしょうか。

7　職場体験、就業体験は、今のあなたにどう繋がっていますか。

ケーススタディ2

あなたはＢ高等学校３年２組の担任です。季節は冬。本格的な受験シーズンが到来し、多くの生徒は１か月後に迫る大学入試へ向け、日々受験勉強に取り組んでいます。しかし最近、クラスには不穏な空気が流れています。その要因はａ男にあるようです。

私立Ｃ大学の推薦入試を夏に受験し、早々に合格をえたａ男は、最近では授業をまじめに受けず学校も遅刻しがちです。そのようなａ男に対し、一般入試を控えた生徒から「自分たちはこんなに苦労しているのに…」と不満が出始めていました。

このような状況を改善すべく、あなたは明日のホームルームを使い、クラス全体へ指導を行うことにしました。

8　上のようなケースはなぜ起こったと思いますか。

9　3年２組の生徒へ、あなたはどのような学級指導を行いますか？

児童会・生徒会活動

演習課題

月　　日（　）　学籍番号＿＿＿＿＿＿＿＿

氏名＿＿＿＿＿＿＿＿

ケーススタディ1

マフラーの使用は校訓にそぐわない!?
―生徒会と教師の対立の事例―

《以下は、ある大学生の高校時代の回想です。》

私が２年生の時、Ａ高校ではマフラーの使用が禁止されていました。

そこで、生徒会で「マフラーの自由化を」という議案が提出されました。

学校側の言い分としては、マフラーをだらしなく巻き付けたＡ高生が街を闊歩すると、学校のイメージが悪くなると考えて禁止しているということでした。しかし、手袋などの他の防寒具が許可されているのに、どうしてマフラーだけが禁止されているのか、私たち生徒は納得できませんでした。

だから、代表者を集めての生徒会の話し合いでも、当然話題はそこに集中しました。なぜマフラーだけが禁止されるのか。学校側に根拠を求めると、返ってきた答えは「マフラーは「質実剛健」の校訓にそぐわない」というものでした。この答えは、当時の私たちには（今も）実に意味のわからないものでありました。では、手袋は「質実剛健」にそぐうものであるのか、そもそも「質実剛健」であるとはどういうことなのか、マフラーは「質実剛健」にそぐわない理由は何なのか。これらの問いには「それは君たち自身が考えねばならないことだ。」とかわされました。

ここにはそもそも議論の余地などなかったのです。当然手袋が良くてマフラーが悪い、という正当な理由など立てられるはずもありません。どの先生もマフラーを禁止する正当な理由をキチンと議論して表明することなどできなかったのです。しかし、マフラーだけはどうしても禁止しておかなければならない。そういうときに隠れ蓑として、最後のよりどころとして用いられるのが「伝統」という覆し難い、何か神秘的な力を持った「校訓」というものなのです。これは水戸黄門の印籠のように、皆がその前にひれ伏さねばならない、わけのわからない権威を持っているのです。

私たちは、為すすべがありませんでした。ついに、私たちが卒業するまで、マフラー着用が許可されることはありませんでした。

（元兼正浩教授「特別活動論」における学生レポートを一部修正）（畑中　大路）

1　Ａ高校の教師は、なぜ「マフラーの使用」を認めなかったのでしょうか。

2　あなたがＡ高校の教師であった場合、どのような指導を行いますか。

ケーススタディ2

あなたは今年度、Ａ中学校に赴任しました。数年前まで荒れた学校として有名だったＡ中学校は、教師の強い指導により、ここ数年落ち着きを取り戻しています。あなたはこのＡ中学校の校務分掌で生徒指導部（生徒会担当）へ配属されました。

Ａ中学校では毎年12月に生徒会会長選挙が行われています。前任校では学級委員や生徒会役員への立候補者が多かったのですが、Ａ中学校では生徒会活動に対する子どもたちの意欲が感じられません。立候補締め切り直前になっても立候補者がおらず、直前の教員の働きかけによって何とか２名の立候補者が出ました。しかし、そのうち１人のＸ男は「学校には何でも持ってきて良い」というルールに校則変更することを公約に掲げ、もう一人のＹ男は受験を意識して「内申書(成績通知書)」を良くするために立候補すると友達に公言しています。

３　Ａ中学校では、なぜ生徒会活動が活発に行われていないのでしょうか。
あなたの考えを記入してください。

４　設問３で答えた「生徒会活動が活発に行われない原因」はどうすれば改善するでしょうか。

５　あなたは、立候補者の二人に対し、どのような指導を行いますか。

10 学校行事の歴史

演習課題

月　　日（　）　学籍番号＿＿＿＿＿＿＿＿

氏名＿＿＿＿＿＿＿＿

「運動会」や学校行事の意義と変遷について考える。

1　運動会の歴史的背景について近代国家との関係で整理してみましょう。

2　ワープリレーや興味走など「競争のない運動会」に対するあなたの考えは賛成ですか、反対ですか？自身の立場を明確にして、その理由を書いてください。

<賛成・反対>

理由

3　21世紀となった現在、理想の運動会のあり方を構想してみましょう。

4　運動会の競技種目を思いつく限り挙げてみましょう。

5　下記の国民学校体育会プログラムを見て気づいたことを話し合いましょう。

体育会順序（国民学校1942）
開会式
五　神宮宮城遥拝
六　黙禱
運動
一　合同体操
四　円形継走
五　戦技訓練
一〇　突破
一三　旗取競争
一四　柔道
二〇　総力戦
休憩（昼食）
二六　月々火水木金々
二七　相撲
二八　勝って下さい兵隊さん
二九　薙刀
三〇　おもちゃの戦車
三五　軍艦行進曲
三八　日の丸
閉会式
一　愛国行進曲
二　国旗後納

平田宗史「我が国の運動会の歴史」吉見俊哉ほか『運動会と日本近代』青弓社、1999年より引用。

6　p.52の＜参考資料＞の文章を読んで感想やあなたの意見を書いてみましょう。

学校行事の種類／文化的行事

演習課題

月　　日（　）　学籍番号＿＿＿＿＿＿＿＿

氏名＿＿＿＿＿＿＿＿

1　あなたはどのような学校行事を経験しましたか。特色ある学校行事はありますか。学校行事の５つの種類に従って思い出してみましょう。

（1）儀式的行事

（2）文化的行事

（3）健康安全・体育的行事

（4）旅行（遠足）・集団宿泊的行事

（5）勤労生産・奉仕的行事

2　あなたが経験した学校行事のなかで、（1）意味のあったもの、（2）意味が理解できなかったものを選び、それぞれ意味があった、なかったと感じた理由について考えましょう。

（1）意味があった学校行事・理由

（2）意味がなかった学校行事・理由

ケーススタディ

以下の事例を読み「合唱コンクールの選曲」について考えましょう。

あなたはK町立K中学校で２年１組を担当している。K中学校はK東中学校と合同で毎年６月に合唱コンクールを実施している。合同合唱コンクールはK町内の大ホールを貸し切って開催され、保護者や地域住民の多くが駆けつける一大イベントである。

合唱コンクール３週間前の給食時間、２年１組は自由曲についての話題で持ち切りだった。思い思いに自分一推しの曲について話し合っている。突然、安田武が立ち上がって「絶対、自由曲はEXILEの「LOVERS AGAIN」が良い。」と発言した。すると、山本唯も立ち上がり、「何を言ってるのよ。自由曲は「モルダウ」が良いに決まっているわ。」と大声を上げた。教室内は騒然とし、安田支持派の男子と山本支持派の女子の間で言い合いが続いた。

安田は自由曲のピアノ伴奏に決まっており、自分の一番好きなEXILEの曲を弾きたいと主張し、「LOVERS AGAIN」を混成四部合唱曲としてピアノアレンジすると言っている。一方、山本は自由曲の指揮者であり、昨年金賞に輝いた３年生が歌っていた「モルダウ」の方がコーラスも美しく、自由曲として相応しいと考えている。安田支持派は18名、山本支持派は19名で拮抗している。

〈設問〉よりよい合唱コンクールとするために、２年１組の自由曲の選定についてどのような指導・働きかけが必要だと考えますか。（どうやって自由曲を決定させるか、選ばれなかった生徒の想いをどのようにフォローするか、どうやって生徒に「文化」を意識させるか、などの観点から）

3　pp.56-57の事例は高校生が学校文化祭を通して「文化とは何か」について探究するプログラムです。テレビドラマやアニメ等のパロディが多い文化祭の現状やあなたの文化的行事の経験を踏まえつつ、学校教育における文化的行事の意義、児童生徒が文化的行事を通して学習する「文化とは何か」について考えましょう。

12 健康安全・体育的行事

演習課題

月　　日（　）　学籍番号

氏名

1　だいたいどこの学校でも取り組まれている組体操。しかし、競技の中には、危険なタイプのものも存在します。そこで、「①競技に参加する児童生徒達の身体能力差が目立たず」、「②達成時に組体操と同様の一体感・感動を味わえる」という２つの条件をクリアした競技を考案し、どういった練習が必要かを考えましょう。

［競技内容］

［練習方法］

2　下記プログラムを参考にし、教員としてプログラムを組み立てるのであればどのように変更をするか、変更案を考えて新たなプログラムを作成しましょう。

☆★☆★☆二瀬野中学校 体育大会 プログラム☆★☆★☆
日時：5月XX日（日）

◎開会式（9：00～）				
◎演　技（9：20～15：10）				
NO.	学年	種別	種目	変更案
0		団体	エール交換	
1		選抜	持久走　1000m	
2		選抜	徒競走　100m	
3		団体	ポール運び走	
4		表現	組体操	
5	幼稚園	招待	玉入れ	
6		表現	ソーラン節	
7		団体	ポール綱引き	
8		表現	ダンス	
9		団体	応援合戦	
【昼食・休憩】　12：40～13：20				
10	全校・地域	団体	盆踊り	
11	全校	団体	応援合戦	
12	教員・PTA	特別	障害物リレー	
13	全校	団体	組対抗リレー	
◎開会式（15：10～）				

3　下記図は、二瀬野中学校運動場の見取り図です。今回、保護者の方々から、「子どもの頑張る姿をもっと近くで見たい」という要望がありました。保護者の要望を考慮するとしたら生徒の席（赤組と白組の２つ）と保護者席をどこに設ければいいでしょうか。入退場門の位置や運営本部位置の変更も含め、敷地内の施設であればどのように活用してもいいとするならば、どういったアイデアがあるでしょうか。変更・活用案を考えた上で、赤組席・白組席・保護者席の設営案をそれぞれ書き込みましょう。

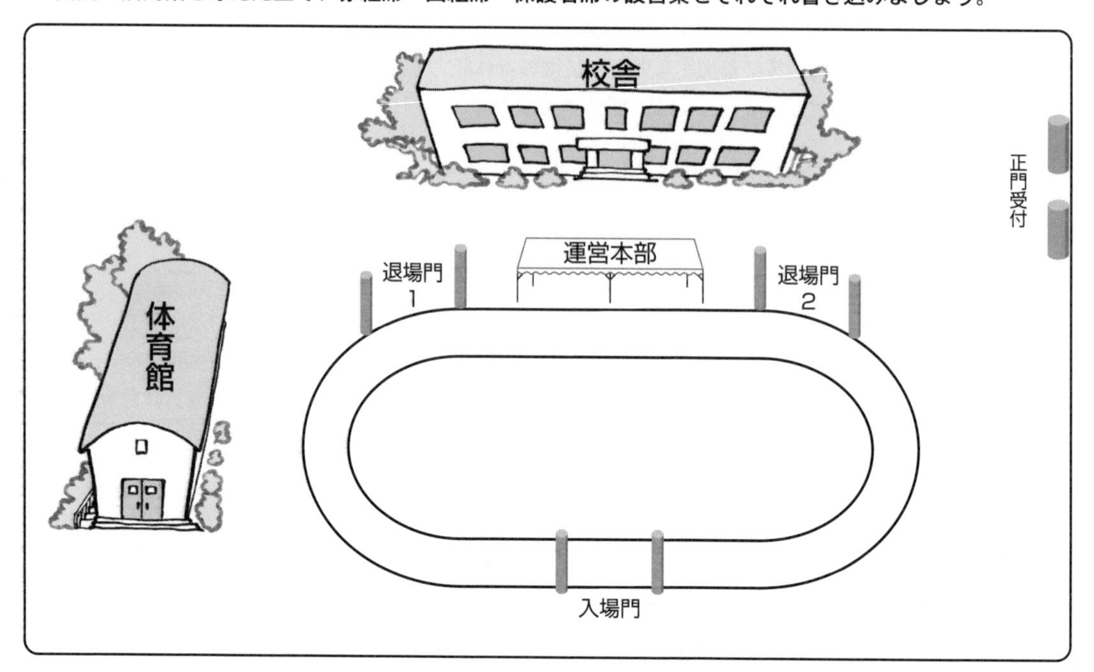

4　次の表は、「健康安全的」な事項に関するものです。各事項に関する授業（「安全教育」）を行う場合、どういった授業内容が考えられるでしょうか。

指導事項	授業内容（学校種・学年も明示）
例：健康・安全や学校給食に関する指導	中学校３年生。家庭科で栄養バランスについては学習をしているので、十分な数と種類の様々な料理品目の写真をバイキング形式で提示し、各生徒にその中から選ばせる。その献立を選んだ意図等を発表させ、適切な栄養バランスの取れた献立を実際に自分で組み立てられる力をみにつける。
避難・防災指導	
交通安全指導	
防犯・安全指導	

13 旅行・集団宿泊的行事

演習課題

月　　日（　）　学籍番号

氏名

遠足・集団宿泊的行事

1 〈ケーススタディ1〉高等学校における修学旅行事例を読み、修正点を考えましょう。

あなたは、県立F高等学校２年３組を担任しています（学年は10クラス、400名）。２日後に、今年度の修学旅行の内容に関する学年会議が開かれます。そこで、あなたは前年度の内容を検討し、変更点などについて自分なりに考えておくことにしました。F高等学校の前年度の修学旅行の概要は表の通りです。なお、F高校は生徒指導上の問題の少ない進学校です。

目的	1．修学旅行委員等の役割分担を通して、リーダーを育成する 2．友だちとの人間関係を深め、高校生活の思い出をつくる
日程	〈1日目〉 午前　F空港から羽田空港へ移動（飛行機） 午後　羽田空港から長野県志賀高原へ移動（貸切バス） 〈2日目〉 終日　スキー実習 〈3日目〉 終日　スキー実習 夜　夕食後に学年集会（各クラス、教員の出し物など） 〈4日目〉 午前　スキー実習 午後　善光寺（長野市）へ移動（貸切バス）、宿坊にて宿泊 〈5日目〉 朝　善光寺の見学 午前　東京観光（各クラスでお台場、浅草など行き先を決定し、自由行動） 午後　羽田空港からF空港へ移動（飛行機）
予算	1人あたり77000円（県の規定により上限が決まっている）
引率	教員　15名（校長を含む）、看護師1名、旅行業者4名
分掌	総務（旅行業者との打ち合わせ、企画・運営）、生活（生徒指導）、スキー班（インストラクターとの打ち合わせ）、整備係（宿泊施設の利用）、保健係（衛生指導）、修学旅行委員（生徒側の修学旅行委員の指導）
指導	事前指導3時間（班会議、旅程説明、結団式）、事後指導1時間（解団式）
昨年度の課題	・東京観光の自由行動は班行動ではなく、各クラス数名が集合時間へ遅れるなどした。 ・初の試みとなった善光寺宿坊での宿泊は概ね好評であった。 ・スキー実習については、多すぎるという意見と少ないという意見が半々であった。

〈修正点〉

〈理由〉

2 〈ケーススタディ2〉中学校における修学旅行事例を読み、危機対応を考えましょう。

あなたはK町立K中学校で2年1組を担当（学年主任）している。K町立K中学校は毎年11月に大阪・京都へ2泊3日の修学旅行を実施している。2年生は全7クラス生徒数270名で、引率教員は校長・養護教諭を含む11名である。

修学旅行の1週間前、K中学校では季節性インフルエンザの罹患者が12名出た。同町内のK東中学校は、インフルエンザを理由に修学旅行を延期した。K中学校は代替ホテルの手配と日程調整が難しいことから、予定通りの実施を決定した。

出発前日、事前指導を行った。事前指導の内容は、持ち物・服装検査で2学年担当教員が実施し、当日の集合時間・日程を伝え生徒を帰宅させた。欠席した3名については、担任が電話連絡をした。

出発当日、全員参加で修学旅行に出発した。1日目は大阪城・海遊館の見学であった。大阪城に到着した直後、2年1組大倉信吾が頭痛を訴えた。養護教諭が大倉に常備薬を飲ませた。大倉が「どうしても参加したい」と言ったため、養護教諭が同伴し見学した。見学後、大倉は他の生徒と同じバスで京都のホテルに向かった。大倉には食欲もあり、一緒に夕食を食べた。入浴後、消灯時間を過ぎた午後11時30分頃、大倉と同じ班の安田武が体調不良の大倉を連れてきた養護教諭と別室で就寝後、午前3時頃、39度の発熱があり、急患センターに受診した。その結果、大倉にはインフルエンザの陽性判定が出た。ホテルに帰り大倉を別室に隔離したが、その後、大倉と同室の生徒6名が頭痛を訴え、38度の発熱を確認した。6名についても急患センターに受診したが、初期症状のためインフルエンザの判定が出なかった。6名も大倉と同室に入れ、就寝させた。

2日目の朝、2年6組の女子生徒4名が「気分が悪い」と訴えた。2日目の日程は、タクシーをつかった班別自主行動であり、生徒達が一番楽しみにしている内容である。大倉については、高熱が下がらないため、保護者に迎えに来て欲しいと連絡を入れた。しかし、保護者は、仕事を休めないこと、新幹線のチケットがとれないことを理由に、引率教師が連れて帰ってほしいと頼んだ。昨夜から体調の悪い6名の生徒は熱が37度台まで下がったが、午前中にもう一度受診し、インフルエンザの判定を受けなければならない。（『教育行政の費用効果分析の可能性及び「校長の専門職基準」の再検討』科学研究費研究成果中間報告書、研究代表者 元兼正浩，2013年，p.29を一部改変）

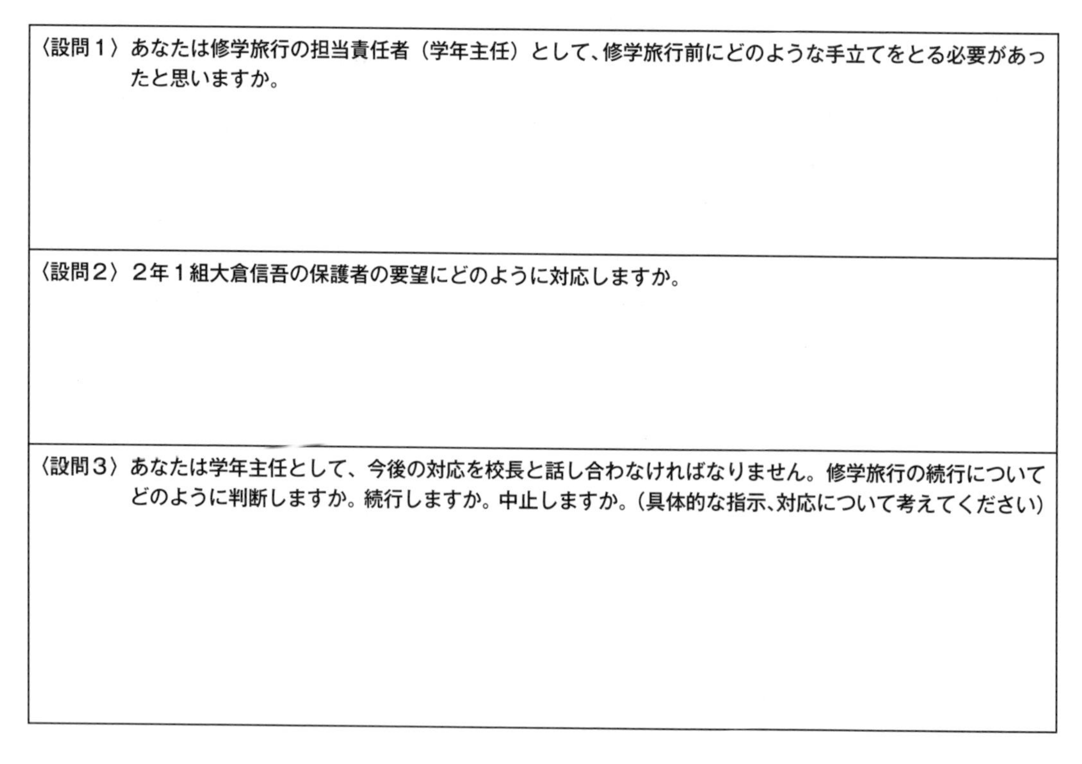

〈設問1〉あなたは修学旅行の担当責任者（学年主任）として、修学旅行前にどのような手立てをとる必要があったと思いますか。

〈設問2〉2年1組大倉信吾の保護者の要望にどのように対応しますか。

〈設問3〉あなたは学年主任として、今後の対応を校長と話し合わなければなりません。修学旅行の続行についてどのように判断しますか。続行しますか。中止しますか。（具体的な指示、対応について考えてください）

14 勤労生産・奉仕的行事

演習課題

月　　日（　）　学籍番号

氏名

勤労生産的活動

1　「生産活動」という共通のニュアンスは、小・中・高で一貫している一方で、小学校段階からではなく、中学校段階から「職場体験活動」が例示されている理由を考えましょう。

2　中学校段階では「職場体験活動」となっていて、高等学校段階からは「就業体験活動」となっているのはなぜかについて、その理由を考えましょう。

奉仕的活動

3　ボランティアの経験があれば、その活動内容と、そこで学んだことについて簡単に書いてください。ボランティア経験がない場合は、活動を通してどういったことを学ぶことができるか、思いつく限り書いてください。

4　「奉仕」・「ボランティア」という言葉から、どのようなイメージを思い浮かべますか。それぞれ書いてください。

奉仕：

ボランティア：

奉仕活動やボランティアは誰のため？

5　欄外の様々な意見を読み、あなたの考えたことを以下に書いてください。

様々な意見：「教科の授業時数が増加したことで、児童生徒の活動時間が十分に確保できない」・「活動継続のためには、有償ボランティアの形態があってもいいのではないか？」・「無償のはずのボランティアが授業化されると、単位が得られることをどう考えるか？」・「『奉仕』の授業では子どもをどう成績評価するのか？」・「自発性を重んじるはずのボランティアが必修となる矛盾をどう考えるべきか？」・「子どもの生産力を無償で利用することにはならないか？」等

清掃活動について考える

[学習指導要領の記述に関して]

『小学校学習指導要領解説 特別活動編』では「校内美化活動、地域社会の清掃活動、公共施設等の清掃活動」とされており、「一般的に行われている大掃除は、健康安全・体育的行事として取り上げられる場合もあるが、特に勤労面を重視して行う場合は、勤労生産・奉仕的行事として取り上げることも可能」（第３章第４節の２）とされています。他方『中学校学習指導要領解説 特別活動編』（高等学校も含む）では、「全校美化の行事」に留まり、「清掃」は強調されなくなります。つまり、「清掃」を必ずしもしなければならないわけではありません。

[教育としての清掃活動]

例えば、学校トイレの清掃を例に挙げましょう。学校トイレをはじめとした学校設備を教育活動に活用する学校や、清掃活動に力を入れることの効果が強調されることがあります。他方で、全ての学校で児童生徒自身が清掃をしているわけではありません。私立学校、大学や一般の公共施設では、使用者自身がトイレを含む施設の清掃をするわけではないですよね。

6　児童生徒に「清掃活動」を課すことにはどのような教育的効果があると考えますか。

7　「学校の清掃を清掃業者へ委託すること」が実現したとして、そこにはどのようなメリット・デメリットがあると考えられますか。

15 儀式的行事と国旗国歌の取り扱い

演習課題

月　日（　）　学籍番号

氏名

儀式的行事

1 「卒業式」というキーワードから連想するものを書き出しましょう。

卒業式

2 卒業式の流れはどのようになっていたでしょうか。プログラムを思い出して書いてみましょう。

学校

年度卒業式次第

3　国旗・国歌について多様な考えがあるのはなぜでしょうか。また、国旗・国歌の取り扱いをめぐって法的紛争が生じたり、自殺者が出たりする状況についてどのように思いますか？授業の内容や文献をもとに自分なりに整理してみましょう。

4　儀式的行事で児童生徒の多様性を尊重しつつ国旗・国歌の指導を実施するには、どのような方策が考えられると思いますか？あなたの考えを書いてみましょう。

5　身近な儀式として成人式があります。成人式についてあなたの考えをまとめてください。

16 儀式的行事と学校文化

演習課題

月　日（　）　学籍番号

氏名

1　小・中・高の自分の学校生活を振り返って、特徴的だったもの（校訓、校歌、校舎の設備、講話などでよく取り上げられていた卒業生、神話や伝説、代々受け継がれてきた行事など）を思い出してみましょう。図や絵で表現してもかまいません。

それは生徒たちの行動や学校の雰囲気にどのような影響を持っていたでしょうか？考えてみましょう。

例：とある高校では、体育祭が終わった後、3年生が水を掛け合う慰労会が開かれる伝統がある。しかし、それは学年別対抗戦で3年生が優勝したときのみ許されるものである。

考察：水の掛け合いを実現するために真剣に取り組む態度が養われる。また、学年別対抗戦により学年の結束が強まり、卒業後の活発な同窓会活動につながっている。

2　始業式の直後から授業を行う学校や、2学期制の導入で休業期間明けに始業式がない学校があります。これについてあなたはどう考えますか。新聞記事を参考に考えをまとめてみましょう。

3　学校行事を通して学校文化を創る際に重要な点はどのような点にあると思いますか。校長講話の実例を参考にしながら、考えをまとめてみましょう。

校長講話の事例（小学校）

本節では、福岡市立A小学校の1997年2学期初日の職員朝会、ならびに同日の始業式における校長の講話及び同校校長へのインタビュー内容の一部を事例として紹介し、学校文化を創る校長講話という観点から若干の動態的な考察を試みることにしたい。

⑴ 講話の実際

［9月1日職朝（8時30分～8時42分）］

① 教務主任講話

教務主任「久しぶりに先生方全員の元気な顔が揃いました。あのーA小学校近年まれにみる夏休みの多さでしたので（笑）、先生方十分に鋭気を養われたことと思います。いきなりあの月曜日からのはじまりで、しばらく体が慣れるまでたいへんだと思いますけど、来週には3連休も待っておりますので、元気を出して頑張っていきましょう。今日の日程ですが……（以下、省略）」（以上、所要時間1分30秒）

② 各教諭からの報告事項（所要時間約6分）

③ 教頭講話（所要時間2分20秒）

④ 校長講話

校長先生お願いします。（司会）

おはようございます。（校長）

おはようございます。（職員一同）

時間がありませんので、急いでお話ししたいと思います。まず、今、教頭先生からお話がありました出欠確認については、これはK市の事件もありましたようにその件で連絡していただきたいと思います。

ただですね、すべての件数しますと2時間ぐらいかかると思います。それで学校から文書を出してまずその件をきちんとしてもらってしたいと思います。

それから2点目。今日、始業式で心にスイッチを入れようというような話をしたいと思います。2学期ですので、心にスイッチを入れよう。そして……言葉で言えば心は形にあらわれる。または、言葉にあらわれる。心は言葉にあらわれる。心は行動にあらわれる。こういうお話をしたいと思います。

そしてこの行動が心に響く。だから心にスイッチを入れよう。心は形にあらわれる。形は心にあらわれる。だから心にスイッチを入れよう。2学期も始まって、まっ、取り組みをしっかりしましょう、でお話をしたいと思います。

1年生から6年生までいるので、1年生は1年生なりに指導していただければ、と思います。

（以上、所要時間1分25秒）

［始業式（9時10分～9時35分）］

① 教務主任による号令、整列

② 教頭先生による「はじめの言葉」

③ 校長講話

「校長先生のお話」（教務主任）

校長壇上へ

「ご挨拶覚えてますか、正面に来られたら礼をしますよ」（教務主任）

「礼！」（教務主任）

おはようございます。（校長）

おはようございます！（児童一同）

とってもうれしい気持ちでいっぱいです。夏休み40日の間、みなさん元気でおぉきなけが、事故がありませんでした。こうして元気に会えることをうれしく思います。みんなの顔がいいですねえ。

1学期の終業式のときに、めがねをよく見てくださいね、そうお願いしました。みんなめがねをよーく見ています。いよいよ今日から2学期。

2学期は実りの秋。み・の・り・の秋。はい、言ってみてください。みのりの秋。

「みぃーのぉーりぃーの秋」（児童一同）

と言います。

そこで校長先生は心にスイッチを入れようというお話をします。心にスイッチを入れよう。このような言葉があります。よく聞いてくださいね。心は形にあらわれる。はい言ってみてください。さぁんはいっ。

「こぉこぉろぉはかぁたちにあらわれるぅ」（児童一同）

形は心に響く。形は心に響く。さぁんはいっ。

「かぁたぁちぃはこぉこぉろぉにひぃびく」（児童一同）

どういう意味かと言いますと、気持ちがあれば、言葉づかいがやさしくなりますよ。やさしい気持ちであれば、やさしい言葉づかいになりますよ。しようという気持ちがあれば、サッカーの練習や野球の練習を一生懸命しますよ。そういう意味です。

形は心に響くという意味は、やさしい言葉をかけられるとかけられた人もやさしくなりますよ、という意味です。さあみなさん、2学期は自分の勉強を高めるときです。深めるときです。

それで自分の心にスイッチを入れて、よっし、たとえば算数のドリルをがんばろう。国語の漢字ドリルをがんばろう。たとえば、掃除をすみずみまでしよう。たとえば、友だちと仲良くしよう。転入生と仲良くしよう。

そのことにむかって心にスイッチを入れてください。お願いします。終わります。（以上、所要時間３分10秒）

「はいっ」「はいっ」（児童めいめい）

「ご挨拶、礼！」（教務主任）

一同、礼をする。

④　賞状授与

⑤　産休明け教諭の紹介

⑥　「係りの先生」（生徒指導部）の話（今月のめあてを紹介）

⑦　校歌斉唱

⑧　教頭先生による「おわりの言葉」

着席、学年別に１年生から順次退席。

⑵　本事例の若干の解釈

前項に掲げた事例は福岡市立Ａ小学校の昨年度２学期の始業式の日の職員朝会と始業式における校長講話の記録であった。９月の始業式は新しい学年がスタートするアメリカほどではないにせよ、40日という長期休暇の後の学校再開の日の儀式であるだけに「象徴としての季節の行事(註)」の意味合いを十二分に持つ。

ここで必要とされるのは学校という特殊な空間の中での機能的な役割や関係、権威のパターンを確立し直すことである。したがって、この点にこそ始業式を行うことの意義が認められると言えよう。

同校の９月の教育目標は式次⑥の生徒指導部の「係りの先生」が示したように「時間を守って規則正しい生活をしよう・特に始まりと終わりの時刻を守る」であった。

したがって、今回の校長講話の内容はこの今月のめあてをふまえて構成されたものとみられる（インタビューによれば、このテーマはすでに夏休み前から決めていたということである）。すなわち、この講話にタイトルをつけるとすれば、「心にスイッチを入れよう」ということになるだろう（職朝での講話内容からもそのようにうかがうことができる）。校長先生はこの講話によって新学期のスタートを上手にきれるよう、児童一人びとりの後押しをここで試みているものとみられる。

実は、このたびの講話では夏休み中に学校の校庭になったりんごのことについても話をする予定であった。上記に④として掲げた賞状授与の式を行うか否かという案件が職朝と始業式の間のあわただしい時間に急に入ってきて校長がこれを行うことを決断したため、代わりに割愛される運びとなったのである（今なお多くの学校では賞状授与式を行うことに一部反発や抵抗感があるようだが、Ａ小学校の場合はそうしたこともなく校長の判断に委ねられているとのことで、学校文化を創っていくうえで優秀な児童の表彰を積極的に位置づけているようである）。

このりんごの話についてはおそらく「みのりの秋」の続きとして話される予定であったと思われる。「みのりの秋」から「心にスイッチを入れよう」の話に唐突に話題が転換しているような感じを受けるのはその部分が抜け落ちているためである。本来ならば、校庭でなったというりんごを壇上に持っていき、「みのりの秋」の具体的な事物としてこれを提示しながら話をすすめ、「心にスイッチを入れよう」の話につなげるはずであったと思われる。今回は時間の制約上致しかたなかったのだが、具体的事物の提示がなされなかったのは観察者としては非常に残念であった。

しかしながら、ここで校長は講話内容よりも時間を優先させたのである。前回指摘したように、講話の長さというのは極言すれば講話の中身以上に重要である。いくらよい話をしたとしても話が長いと児童・生徒の心に響かず、講話自体がまったく無意味となってしまう。

それゆえ、話題をいわば「腹八分目」にとどめ簡潔性を重視せよといった意見がいくつもの文献でみられた。

今回の講話は（「りんごの話」を差し引いたものではあるが）３分10秒とほぼ適切な長さで行われたにもかかわらず、校長講話自体というよりも始業式全体の所要時間が考慮された結果、一部割愛されたのであった。

また、講話の対象については講話内容をみる限り児童が中心である。しかしながら職朝で講話内容についてあらかじめ校長から教職員に提示があったこと、さらに「１年生から６年生までいるので、１年生は１年生なりに指導していただければ、……」との依頼がなされたこと、などから教職員にも聞いてほしい、学級でも再話をしてもらいたいという願いが感じられる。

さらには、職員朝会での教務主任の講話にもみられるように、教職員にとっても長期休暇明けで気持ちの切り替えが大切な秋（とき）であるだけに、同校の校長は教職員一同に対しても「心にスイッチを入れよう」というふうに伝えたかったのではないかと推察されるのである。

（註）

- Ｔ・Ｅ・ディール、Ｋ・Ｄ・ピターソン編著、中留武昭監訳『校長のリーダーシップ』玉川大学出版部、1997年、189〜190頁。

元兼正浩「学校文化を創る校長のリーダーシップ」『月刊高校教育』1998年9月号、pp.79-85より抜粋して掲載

校長講話の事例（高等学校）

今年は、寒さ厳しく、とても雪の多い年でした。景色の暖かさはまだ心許なく、冬の厳しさが木々を覆っています。しかし、晴れた日の陽射しのなかにはしっかりと春の優しい気配が潜み込んでいます。

冬は新たな生命の力が蓄えられ、春はその新たな生命が芽生える季節です。生きとし生けるものの、生きんとする力があふれ出ずる季節です。そして、春は別れと出会いのとき、清々しい風の香り、うららかな陽の光をあびて、若者は新しい世界へと旅立ちます。

本日、ここに、多数のご来賓・関係各位のご臨席を賜り、卒業証書授与式を挙行できますことに、厚く御礼申し上げます。

保護者の皆様、本日はお子様のご卒業、誠におめでとうございます。皆様方は只今の我が子の卒業証書授与に臨まれ、担任の呼名に凛として応える我が子の姿に、入学以来、親子でともに辿った喜怒哀楽の日々、ご心労の絶えなかったあの日の事々が、走馬灯のように思い起こされ、万感無量の思いであられることとご拝察いたします。

改めまして、お子様が高等学校「〇〇に関する学科」を修められ、ここに栄えある卒業の日を迎えられましたことを心よりお慶び申し上げますとともに、これまでの三年間、本校の教育活動へのご理解とご協力とともに、物心両面から多大なご支援をいただきましたことに、教職員を代表して深く感謝申し上げます。

只今、卒業証書を授与した〇〇に関する学科、〇〇〇名の卒業生の皆さん、卒業おめでとう。今日の日、今こそが、本校の最大、最高の「仕合せの時」です。威風堂々と皆さんが式場に入り、凛とした立ち居振る舞いには、心身ともに成長した頼もしさと〇〇高生としての自信と誇りがあふれています。入学した日のことがついこの間のことのように、あるいは遠い過去のことのように思える今。皆さんの脳裏には本校でのたくさんの出来事や思い出がよみがえっていることでしょう。がんばったこと、楽しかったこと、嬉しかったこと、苦しかったこと、悲しかったこと、それらすべては、この日を迎えるためであったと心に刻み、本校から新たな世界に爽やかに旅立ってください。今、手にした卒業証書は皆さんが学校生活に懸命に取り組んだ、たゆまぬ努力と精進の「証」です。また、それは、ここで紡がれ、様々な方々からいただいたご恩と感謝が糸として織りなされた「錦」でもあります。この「証」と「錦」を生涯に亘って大切に持ち続け、人生の折々の曲がり角や坂道で、勇気と励まし、そして、感謝の依り処にしてください。

さて、世界は今、「グローバル化」の進展により、あらゆるものが国境を越えて行き交い、多様性にあふれる現実があります。しかし、それを正しく見据えず、反対に、それぞれの利益ばかりを最優先するようなことが広がっています。そのため、国家・民族・宗教間の紛争、貧困、格差、環境等の深刻な問題が地球規模で起こり、持続可能な私たちの世界の発展には、これらの問題の解決が避けて通れない課題となっています。まさに「不条理」に満ちた世界です。「不条理」とは理に合わないこと、筋道が立たないこと、自分の力が及ばないことです。そして、この「不条理」は、程度の差こそあれ私たちの身近なところにもたくさんあふれています。

今日は君たちに、この「不条理」に満ちた世界で、「人間の尊厳」という大義を掲げ、それぞれの個性と自由を求めながら、同時に、どのようにして、この多様性のなかで、より良い社会を築いていくか。自分や他者を大切にし、共に社会に貢献し、しあわせな人間になっていくか。という人生の命題について考え、皆さんに大人としての「本分」と、それを果たすための大切な話をします。これが私の君たちへの最後のメッセージです。

カミュは「不条理」について、ギリシャ神話の登場人物、シーシュポスが度重なる神々への不敬のために、地獄で大きな岩を丘の上まであげるという刑罰を受け、丘の上まで岩を上げた瞬間、残酷にも岩は転がり落ち、また、岩を丘の上まであげる。それを永遠に繰り返すという話について、こう述べています。シーシュポスは、もし人生がこのように無意味な繰り返しであるとするならば、はたして、それでも生きるべきなのかと苦悩します。これから君たちもそれぞれの人生で、仕事や会社、上司や同僚との関係に悩み苦しんだり、不慮の事故や不運、思いがけない病気や別れに遭ったりするかもしれません。カミュは、人生は本来、合理的なものではなく、しかし、そこで絶望したり、「きばらし」に逃げたり、何かにすがったりするものでもない。「不条理」を直視して、絶望せずに運命を、運命として認めることが大切であると主張します。ギリシャ悲劇の主人公オイデプスが自らの過酷な人生を知った後でも「すべてよし」と言い切ったことこそ大切なのだと言います。つまり、人生は容易に粗末にするものではなく、無駄と思われる努力、終わりのない試練にこそ真価があるとカミュは言うのです。この「不条理」と直面して、人間ははじめて自分と向き合い、真の生き方をつくりあげることができる。「不条理」は人と社会との共存において成立するものであり、両者を繋ぐ唯一の「きずな」なのです。

この「不条理」のなかで、私たちの求める「自由」についてサルトルはあるエピソードを残しています。彼は第二次世界大戦下、ナチスドイツへのレジスタンス運動に参加し、一人の青年と出会いました。青年は父と兄を戦争で亡くし、年老いた母との二人暮らしでした。これから自分は父と兄の遺志を継いで、戦うべきか、戦禍を逃れ母と二人でひっそりと生きるべきか。彼はサルトルに相談します。サルトルの答えは、たった一言、「君は自由だ、君が選び給え」だけでした。

今の社会、この「不条理」な世界だからこそ、「自由」という言葉はあまりにも多様に、かつ、ぞんざいに使われています。サルトルは真の「自由」とは、「刑罰」のように私たちに重くのしかかるものである。と言います。「自由」であるということは、判断と行動に責任を持つことなのです。「自由」が求めるべきものであるならば、大人になるとは、どれだけ自分に責任を持てるかということなのです。「不条理」な世界といえども、大人には無責任な判断と行動は絶対に許されません。それは一層、この「不条理」な世界を拡散・固定化するだけです。無自覚な、安易な批判や根拠のない誹謗中傷は論外です。勿論、自分の好き嫌いが自由として通るはずがありません。そして、サルトルは続けます。「自由とは自分が意味あるものとして、他者や社会と係わることである」。そして、「生きることを意味あるものにすることである」と。

親というものは、自分の子どもに苦労をさせたくありません。困難な状況にも置きたくありません。いつも、自分の側で明るく元気な笑顔でいて欲しいのです。しかし、人は生きていく限り、いつかどこかで必ずその壁、「不条理」に突き当たるものです。そこで、本当の自分を知り、自分と向き合い、自分を向上させる「始まり」となることを、そこに君たちの「自由」があり、「自立」があることも、親御さんたちは、君たちに、これまで幾度となく訓えて来られたと思います。決して、自分で、自分の人生に疑問を持つものではありません。諦め、投げ出すものではありません。常に、困難に直面したその時の自分自身の在り方生き方、「生き様」が、自分の人生からその時の自分に問われているのです。いつも、そこから「始まる」のです。いつも、そこから「始める」のです。

今日は、「卒業生諸君、強く、しっかりと・・・」とは結びません。「負けないように、みんな、がんばりましょう・・」と君たちを煽りません。なぜなら、これから何が起こるかわからない不安や厳しさを、誰よりも予感しているのは君たち自身だからです。代わりに、君たちの今日の感謝と自信に満ちた姿に安堵し、今年も、洋々たる君たちの将来へ、祈りを込めてエールを贈ります。

だいじょうぶ
君たちは、だいじょうぶ

保護者の皆さんは言われるでしょう。
だいじょうぶ
私が産んだ子どもだから、だいじょうぶ
私が育てた子どもだから、だいじょうぶ

先生たちは言われます。
だいじょうぶ
私が教えた生徒だから、だいじょうぶ
私が叱り、励ました生徒だから、だいじょうぶ

同窓会の先輩たちは言われます。
だいじょうぶ
私たちのかわいい後輩だから、だいじょうぶ
私たちが応援する後輩だから、だいじょうぶ

君たちはお互いに言うでしょう
だいじょうぶ
私には、心許す友である　あなたがいるから　だいじょうぶ
私には、心離れぬ友である　あなたがいるから　だいじょうぶ

君たちは、だいじょうぶ
○○高校を共に卒業したのだから・・
だいじょうぶ

さあ、時は満ちました。
皆さんが、より善く生き、他者の人生に美しく、優しく係わり、仕合せに生きていくことを願って、式辞とします。

校歌･校旗･校訓･校章の研究

演習課題

月　　日（　）　学籍番号

氏名

校歌・校訓

1　校歌をおぼえていますか。
（記憶を頼りにまず鉛筆書きで）
所在地：（　　　　　）都道府県（　　　　　）市町村　設置者：公立・私立
学校種：幼・小・中・高　学校名（　　　　　　　）　校長名（　　　　　）

タイトル（サブタイトル）

2　校歌（歌詞）の分析をしてみましょう。

① 道徳的価値	
② 身体表現	
③ 色彩	
④ 生徒暗示	
⑤ 学校暗示	
⑥ 校訓	
⑦ 自然（山岳、河川、…）	
⑧ 生物（動物、植物）	
⑨ 歴史・文化・産業	
⑩ その他	

作詞者名		作曲者名		制定年	
掲示場所		斉唱機会			

3　校訓をおぼえていますか。

校章・校旗

4　校章と校旗をおぼえていますか。

校章

図案	解説

校旗

保管場所：

掲揚機会：

図案内容：

5　特色ある学校行事は何でしたか。

6　校長のリーダーシップを感じたおぼえがありますか。

7　制帽・制服の特徴について、描いてみましょう。

総合的な学習（探究）の時間の意義

演習課題

月　　日（　）　学籍番号

氏名

1　小・中・高のときの「総合的な学習の時間」で学んだ内容を思い出してみよう。

学年	領域					
	国際理解	情報	環境	福祉・健康	地域・郷土	その他
小学校3・4年生						
小学校5・6年生						
中学校						
高等学校						

2　総合的な学習（探究）の時間の学習指導案を作成してみよう。

（1）単元名

（2）学習指導要領上の位置づけ

（3）目標

（4）授業計画

（5）本時の展開

a．ねらい

b．展開

（6）板書計画

18 総合的な学習（探究）の時間の指導計画

演習課題

月　　日（　）　学籍番号＿＿＿＿＿＿＿＿

氏名＿＿＿＿＿＿＿＿

1　みなさんが今住んでいる地域（あるいは出身地域）の魅力は何でしょうか。また、その地域が抱えている課題は何でしょうか。自由に書き出してみましょう。

【魅力】	【課題】

2　上記を踏まえ、その地域の特色に応じた探究課題を自由に設定してみましょう。

(例) 地域活性化に向けた特色あるまちづくり

3　上記で設定した探究課題は、各教科等とどのような関連が考えられますか。3つの教科・科目を選び、関連する単元を探してみましょう。校種・教科・科目は任意とします。

(例) 中学・数学	(単元名とその理由)
(例) 中学・国語	(単元名とその理由)
(例) 中学・美術	(単元名とその理由)

総合的な学習（探究）の時間の指導と評価

演習課題

月　日（　）　学籍番号

氏名

1　第18章の演習課題で想定した学習活動について、「まとめ・表現」段階に適したパフォーマンスや発表の場の設定を考え、記述しなさい。また、その方法が適すると考えた理由を説明しなさい。

【例】

・振り返りカードの作成　・校内新聞の作成　・作文や研究論文の執筆
・演劇やダンスの創作　・制作やものづくり　・ポスターセッション
・防災訓練の企画・運営や観光ガイドとしての名所案内といった社会への実際の参画
・保護者や地域社会などに向けた報告会

（各学校段階ごとに作成された、文部科学省（2022）『今、求められる力を高める総合的な学習の時間の展開』より）

方法

理由

2　1で挙げた方法について、評価の観点を設定し、評定尺度と記述語からなる評価規準（ルーブリック）を作成しなさい。評価の観点は1～3つ設けること。なお、評価基準の一部の作成でも構わない。

評価の観点	1	2	3

【監修】

元兼　正浩

昭和40年、北九州市生まれ。九州大学大学院教育学研究科博士課程修了（博士（教育学））。九州大学教育学部助手、福岡教育大学教育学部講師・助教授、九州大学大学院人間環境学研究院助教授・准教授を経て、教授。韓国研究センター長。専門は教育法制・学校経営・教育行政学。日本教育経営学会常任理事、日本教育制度学会理事、日本教育行政学会理事、他。福岡県教育センター事業評価委員長。『次世代スクールリーダーのための「校長の専門職基準」』（編著、花書院、2015年）、『校長の仕事術』（編著、教育開発研究所、2012年）、『次世代スクールリーダーの条件』（単著、ぎょうせい、2010年）。はじめに・10章担当。

【執筆者】

鄭　修娟	九州産業大学国際文化学部 専任講師	教育行政学	1章・17章担当
楊　川	九州国際大学現代ビジネス学部 教授	教育行政学	2章担当
雪丸　武彦	西南学院大学人間科学部 准教授	教育行政学	3章担当
木村　栞太	九州女子大学人間科学部 専任講師	教育行政学	4章担当
小林　昇光	奈良教育大学教職開発講座 専任講師	教育行政学	5章担当
清水　良彦	九州大学大学院人間環境学研究院 准教授	教育方法学	6章・11章担当
兼安　章子	福岡教育大学大学院教育学研究科 准教授	教師教育学	7章担当
畑中　大路	長崎大学大学院教育学研究科 准教授	教育経営学	8章担当
大竹　晋吾	福岡教育大学大学院教育学研究科 教授	教育経営学	9章担当
波多江俊介	熊本大学大学院教育学研究科 准教授	教育経営学	12章担当
原北　祥悟	崇城大学総合教育センター 助教	教育行政学	13章・19章担当
柴田　里彩	高知大学教育研究部 助教	教育行政学	14章・18章担当
日髙　和美	福岡教育大学教育学部 専任講師	教育行政学	15章担当
金子　研太	九州工業大学教養教育院 准教授	高等教育論	16章担当

【編集協力者】

授業資料提供／上野陽子様
校長講話／猿渡博司様
教室環境づくりイラスト作成／平原真有様

総合版

特別活動エッセンス

— 望ましい人間関係づくりのために —

The Essentials of Extraclass Activities
For Building Comfortable Human Relationships

2023年4月1日　第1版発行

編　者／九州大学大学院教育法制研究室
発行者／仲　西　佳　文
発行所／有限会社 花 書 院
〒810-0012　福岡市中央区白金2-9-2
電話.092-526-0287　FAX.092-524-4411
振替.01750-6-35885
印刷・製本／城島印刷株式会社

 ISBN978-4-86561-293-6